HISTÓRIA DA
AMÉRICA LATINA

COLEÇÃO HISTÓRIA NA UNIVERSIDADE

Coordenação Jaime Pinsky e Carla Bassanezi Pinsky

ESTADOS UNIDOS *Vitor Izecksohn*
GRÉCIA E ROMA *Pedro Paulo Funari*
HISTÓRIA ANTIGA *Norberto Luiz Guarinello*
HISTÓRIA CONTEMPORÂNEA *Luís Edmundo Moraes*
HISTÓRIA CONTEMPORÂNEA 2 *Marcos Napolitano*
HISTÓRIA DA ÁFRICA *José Rivair Macedo*
HISTÓRIA DA AMÉRICA LATINA *Maria Ligia Prado* e *Gabriela Pellegrino*
HISTÓRIA DA ÁSIA *Fernando Pureza*
HISTÓRIA DO BRASIL COLÔNIA *Laima Mesgravis*
HISTÓRIA DO BRASIL CONTEMPORÂNEO *Carlos Fico*
HISTÓRIA DO BRASIL IMPÉRIO *Miriam Dolhnikoff*
HISTÓRIA DO BRASIL REPÚBLICA *Marcos Napolitano*
HISTÓRIA MEDIEVAL *Marcelo Cândido da Silva*
HISTÓRIA MODERNA *Paulo Miceli*
PRÁTICAS DE PESQUISA EM HISTÓRIA *Tania Regina de Luca*

Conselho da Coleção
Marcos Napolitano
Maria Ligia Prado
Pedro Paulo Funari

Proibida a reprodução total ou parcial em qualquer mídia sem a autorização escrita da editora.
Os infratores estão sujeitos às penas da lei.

A Editora não é responsável pelo conteúdo deste livro.
As Autoras conhecem os fatos narrados, pelos quais são responsáveis, assim como se responsabilizam pelos juízos emitidos.

Consulte nosso catálogo completo e últimos lançamentos em **www.editoracontexto.com.br**.

Maria Ligia Prado
Gabriela Pellegrino

HISTÓRIA DA AMÉRICA LATINA

Coleção
HISTÓRIA NA UNIVERSIDADE

Copyright © 2014 das Autoras
Todos os direitos desta edição reservados à
Editora Contexto (Editora Pinsky Ltda.)

Imagem de capa
Ricardo Acevedo Bernal, *Simón Bolívar* (óleo sobre tela)

Montagem de capa e diagramação
Gustavo S. Vilas Boas

Preparação de textos
Lilian Aquino

Revisão
Ana Paula Luccisano

Dados Internacionais de Catalogação na Publicação (CIP)
(Câmara Brasileira do Livro, SP, Brasil)

Prado, Maria Ligia
História da América Latina / Maria Ligia Prado
e Gabriela Pellegrino. – 1. ed., 7ª reimpressão. –
São Paulo : Contexto, 2023.

Bibliografia
ISBN 978-85-7244-832-1

1. América Latina – História I. Pellegrino, Gabriela. II. Título.

14-01514   CDD-980

Índices para catálogo sistemático:
1. América Latina : História   980

2023

Editora Contexto
Diretor editorial: *Jaime Pinsky*

Rua Dr. José Elias, 520 – Alto da Lapa
05083-030 – São Paulo – SP
PABX: (11) 3832 5838
contato@editoracontexto.com.br
www.editoracontexto.com.br

Sumário

Introdução 7

A crise dos domínios coloniais na América 11
Campanhas de independência nos vice-reinos espanhóis 25
O horizonte republicano nos Estados nacionais em formação 43
Projetos liberais e populações indígenas no século XIX 57
Educação e cidadania nos mundos rural e urbano 71
Construindo identidades: de Domingo F. Sarmiento a José Martí 87
A Revolução Mexicana 101
Novos atores em cena: inquietações na política e na cultura 115
Políticas de massas e reformas sociais 131
Che Guevara e os movimentos revolucionários latino-americanos ... 151
Ditaduras militares e sociedade civil 167
Cultura e política na América Latina contemporânea 185

Considerações finais 199

Sugestões de leitura 205

Introdução

Os brasileiros, de modo geral, conhecem muito pouco sobre a rica e complexa História da América Latina. Este livro foi pensado, assim, com o objetivo de oferecer ao leitor um amplo quadro de suas principais temáticas. Pretendemos abordar aspectos variados de cada momento histórico, passando pela política, sociedade – incluídas suas dimensões étnicas e de gênero –, cultura e economia; igualmente, escolhemos destacar as trajetórias de relevantes personagens masculinas e femininas. Também procuramos indicar as intrincadas relações entre a América Latina e o mundo ocidental em algumas de suas múltiplas faces.

O Brasil, como todos sabem, faz parte da América Latina. Nossas histórias correm paralelas desde a colonização ibérica, passando pela concomitância das independências políticas e da formação dos Estados nacionais e chegando aos temas do século XX, como a simultaneidade das ditaduras civis-militares. Salientem-se, do mesmo modo, as semelhanças no que se refere à circulação de ideias e de pessoas, às práticas políticas, às questões sociais e étnicas, à produção cultural e à perspectiva religiosa. Portanto, neste livro, embora o Brasil não seja o alvo de nossas reflexões, referências a sua história serão ocasionalmente feitas.

A denominação *América Latina* integra nosso vocabulário cotidiano. Mas sua historicidade precisa ser lembrada. Esse termo foi inventado no século XIX, carregando desde suas origens disputas de ordem política e ideológica. Os sentidos que lhe foram atribuídos estão vinculados às polêmicas que envolveram, de um lado, franceses e ingleses (século XIX) e, de outro, latino-americanos e norte-americanos (séculos XIX e XX).

A precisa origem do termo tem sido alvo de controvérsias. Para uma corrente, os franceses propuseram o nome como forma de justificar, por intermédio de uma pretensa identidade *latina*, as ambições da França sobre esta parte da América. Para outra, foram os próprios latino-americanos que cunharam a expressão para defender a ideia da unidade da região frente ao poder já anunciado dos Estados Unidos.

Acompanhando a primeira perspectiva, o autor da concepção de uma América *latina* teria sido o intelectual, político, economista e viajante francês, Michel Chevalier, em obra de 1836. Seu relato de viagem aos Estados Unidos entendia a história do mundo ocidental como a realização de embates entre "civilizações" ou "raças". A novidade do texto de Chevalier estava na transposição para o Novo Mundo das disputas entre "latinos católicos" e "anglo-saxões protestantes" que já se davam em território europeu. Para Chevalier, a França, "sendo a primeira das nações latinas", deveria liderar suas irmãs europeias e americanas na luta contra os países de origem saxônica. De fato, as ideias do viajante francês coincidiriam com as justificativas dos posteriores projetos políticos expansionistas de Napoleão III com relação ao México.

A afirmação da tese da origem francesa do conceito de *América Latina* tem como pressuposto a ideia de que os habitantes que viviam ao sul do Rio Grande apenas aceitaram de maneira acrítica e passiva o termo engendrado no exterior.

O uruguaio Arturo Ardao discordava dessa visão e defendia a outra perspectiva. Em artigo publicado em 1965 no semanário uruguaio *Marcha*, intitulado "A ideia de Latino-américa", o autor demonstrava que o termo completo *América Latina* fora utilizado, pela primeira vez, pelo ensaísta colombiano José María Torres Caicedo, em um poema de 1857, chamado de "As duas Américas". A finalidade clara dos versos era a da integração entre os vários países latino-americanos, buscando seu fortalecimento, como precaução para as possíveis futuras interferências norte-americanas na região.

A argentina Monica Quijada apresentou recentemente uma boa síntese dos debates sobre a questão da origem do termo. Refletindo sobre sua criação e a difusão, a historiadora critica a primeira interpretação (a autoria francesa) e endossa a segunda (a latino-americana). Afirma que "América Latina não é uma denominação imposta aos latino-americanos em função de interesses alheios, e sim um nome cunhado e adotado conscientemente por eles mesmos e a partir de suas próprias reivindicações". A partir daí, foi se construindo uma identidade latino-americana em oposição aos anglo-americanos dos Estados Unidos.

Não se pode negar que tal denominação, no presente, é hegemônica, sendo adotada internacionalmente por historiadores, cientistas sociais e pela imprensa em geral. Assim, aqui também adotamos a noção de América Latina, cientes das implicações políticas de sua invenção e dos problemas que sua utilização pode gerar. Não propomos apresentar interpretações generalizantes para toda a região. No decorrer de nossas análises, enfatizaremos as especificidades nacionais conectadas a contextos latino-americanos mais amplos.

Antes de terminar esta brevíssima introdução, gostaríamos de sublinhar outras particularidades deste livro. Ele é o resultado de nossa longa experiência no âmbito do ensino e da pesquisa em História da América Latina. Igualmente, seguimos os protocolos próprios do ofício do historiador: leitura crítica das fontes, conhecimento sólido da bibliografia, emprego adequado de ferramentas teóricas. Para dar um exemplo, para nós, as trajetórias individuais de homens e mulheres só podem ser entendidas dentro dos limites articulados pelo contexto histórico mais amplo. Não estamos preocupadas com o simples julgamento das personagens (herói ou vilão), mas com a explicação dos múltiplos elementos que formam uma determinada conjuntura histórica na qual elas se encontram. Assim, acreditamos que a obra possa ser útil para estudantes e professores.

Esperamos poder transmitir neste livro um pouco do nosso fascínio pela História da América Latina. Acreditamos que ao conhecê-la o leitor terá novos horizontes para pensar as questões do presente e poderá entender as viscerais ligações históricas entre o Brasil e os demais países latino-americanos.

A crise dos domínios coloniais na América

No dia 18 de maio de 1781, o curaca José Gabriel Condorcanqui, descendente da nobreza do antigo Império Inca, foi executado no centro da praça central de Cuzco. Chefe político de povoados da província de Tinta, no Vice-reino do Peru, aluno egresso da Universidade de São Marcos, a mais antiga do Império Espanhol na América, assumiu o nome de Tupac Amaru II em referência ao seu antepassado Tupac Amaru. Este foi o último representante político do Império Inca no período que se seguiu à conquista do Peru, até ser capturado e morto pelos espanhóis, em 1574.

Cerca de dois séculos mais tarde, Tupac Amaru II teve sua língua cortada, o corpo arrastado por cavalos e esquartejado. A cabeça e os membros amputados foram pendurados para exibição pública em diferentes locais de Cuzco.

Como outros membros da linhagem de curacas incas, Tupac Amaru, como é conhecido, havia recebido da Coroa espanhola prerrogativas especiais e a incumbência de governar, em nome do regime colonial, as populações indígenas. Batizados com nomes cristãos e finamente educados nos colégios criados por missionários católicos, os curacas incorporaram comportamentos e repertórios introduzidos pelos espanhóis na América.

O Vice-reino do Peru estruturou-se a partir da capital fundada pelo conquistador Francisco Pizarro em 1535, a cidade de Lima. Pizarro concebeu o plano urbanístico de Lima como extensão do modelo das cidades espanholas. Da praça central onde se ergueriam a igreja e as sedes dos poderes políticos, irradiavam ruas retas, que formavam quadriláteros ao cruzarem com suas perpendiculares. A localização das residências em relação à praça simbolizava o *status* social de cada família.

Próxima à costa do oceano Pacífico, distante de Cuzco, a antiga capital do Império Inca, Lima assumiu ares aristocráticos. Nela foi fundada a Universidade de São Marcos, no ano de 1551, existente até hoje. O conhecimento cultivado e transmitido por São Marcos seguia os padrões das universidades espanholas, como a de Salamanca, com o privilégio da filosofia escolástica.

Também na capital estabeleceu-se, em 1543, uma sede da *Real Audiencia*, órgão todo-poderoso da administração colonial relacionado aos assuntos jurídicos. Além de Lima, Panamá, Santa Fé de Bogotá, Charcas, Quito e Concepción, pouco mais tarde transferida para Santiago de Chile, foram as cidades então integrantes do Vice-reino do Peru a sediar a *Audiencia*.

Desde o século XVI, após os primeiros tempos da conquista do Peru e de seu impacto destruidor para os habitantes dos antigos territórios incas, a Coroa espanhola esforçou-se para evitar o genocídio dos súditos americanos organizando os sobreviventes em povoados, os chamados *pueblos*, dotados de terra para o cultivo e de certa autonomia administrativa.

A medida possibilitou uma considerável recuperação demográfica das populações indígenas e mestiças nos dois séculos que se seguiram. No Vice-reino do Peru, cada *pueblo* tinha o dever de pagar à Coroa o tributo indígena e de enviar certo número de moradores para o cumprimento da *mita*, ou seja, de um trabalho gratuito realizado durante uma temporada do ano. Os braços recrutados eram utilizados principalmente nas minas de ouro e prata, que atiçavam o apetite e a imaginação da Europa moderna.

Em 1545, foram descobertas as jazidas de prata de Potosí, na cordilheira andina do chamado Alto Peru, atual Bolívia. Situadas na região de Charcas, jurisdição do Vice-reino do Peru, as minas de Potosí receberam um enorme fluxo de índios mitayos, recrutados para o trabalho temporário obrigatório. O trabalho envolvia não apenas a extração, mas também a fundição do minério, em fornos de elevadíssima temperatura. Para a tarefa de refinar a prata, que exigia maior especialização, também se recorria à mão de obra de escravos de origem africana. Embora em proporções demográficas pequenas, a escravidão negra subsistiu no Peru já independente até meados do século XIX.

As riquezas minerais de Potosí fizeram das elites da região de Charcas, por algum tempo, as pessoas mais ricas das Índias ocidentais, com renda anual de milhares de pesos. Os carregamentos de prata deixavam as terras altas em lombo de mula, em um longo percurso rumo às margens do oceano Atlântico, onde eram embarcados para o porto de Sevilha.

A despeito de tanta abundância, em meados do século XVIII, a velha Espanha deu-se conta de que muitas das riquezas obtidas com a exploração dos recursos humanos e naturais americanos haviam sido drenadas para o pagamento de dívidas contraídas com a Inglaterra, país então a caminho da industrialização. No Peru, as autoridades vice-reinais endureceram o sistema de arrecadação tributária e adotaram medidas para fortalecer seu controle sobre a sociedade colonial.

A reorganização abalou o *status* da nobreza indígena, dos curacas que até então haviam constituído um corpo distinto na sociedade do Antigo Regime espanhol. Para os índios comuns, a perda de poder por parte dos curacas fragilizou uma instância de proteção e negociação com que contavam em face das autoridades espanholas e dos *criollos*, ou seja, os descendentes de espanhóis nascidos na América. Os próprios curacas, de sua parte, ressentiram-se das mudanças em curso e alimentaram a utopia de restaurar o Império Inca. Essa imagem ajudou a alastrar pelos Andes a chama da rebelião iniciada por Tupac Amaru em 1780.

O curaca vinha procurando de variadas formas solicitar às autoridades vice-reinais o fim do cumprimento da *mita* pelos índios de Tinta nas distantes minas de Potosí. Viajou a Lima, nas terras baixas que margeiam o oceano Pacífico, para expor à Audiência Real a desproporção entre o número de habitantes de Tinta e o número de *mitayos* requisitados para o trabalho em Potosí. Os índios levavam meses para alcançar o lugar caminhando, adoeciam e desfalcavam o labor agrícola em seus *pueblos* de origem.

Diante das seguidas negativas recebidas, o cacique escolheu o caminho da insurreição. Em 4 de novembro de 1780, o corregedor de Tinta, Antonio de Arriaga, foi capturado e enforcado em praça pública, após a leitura de um documento que justificava a punição exemplar de um funcionário vice-reinal conivente com os abusos impingidos aos índios. A partir de então, a multidão que aderiu ao movimento marchou em direção a Cuzco, invadindo *obrajes*, isto é, as oficinas de produção têxtil existentes no mundo colonial, que impunham aos trabalhadores condições de vida opressivas. Em pouco tempo, os insurretos somavam milhares, entre índios, mestiços e negros traficados como escravos para o Peru colonial.

Já excomungado pela Igreja, Tupac Amaru alcançou os limites da antiga capital inca no dia 2 de janeiro de 1781, acompanhado de cerca de 40 mil homens. As tropas realistas, entretanto, adensadas pelos reforços vindos de Lima, conseguiram resistir. Os rebeldes recuaram para Tinta, para se reorganizarem, enquanto Tupac Amaru procurava negociar com o enviado da Coroa a Cuzco, o visitador Areche, e convencê-lo da legitimidade de suas reivindicações. No mês de abril, um cerco dos realistas provocou muitas baixas entre os rebeldes e obrigou Tupac Amaru e seus colaboradores mais próximos a se retirarem para o sul. No trajeto, sofreram uma emboscada e foram capturados. Conduzidos a Tinta, chegaram à cidade em tempo de assistir ao enforcamento de outros 70 caciques capturados. De lá seguiram para Cuzco, o umbigo do antigo Império Inca, agora palco para o espetáculo da morte de um curaca que acenava com a utopia de restaurar o passado glorioso, de um tempo anterior à chegada dos espanhóis.

A rebelião de Tupac Amaru teve repercussões importantes para todo o mundo colonial. Muitas das prerrogativas reservadas à nobreza indígena no Vice-reino do Peru foram suspensas. Quando, três décadas mais tarde, a Espanha foi invadida pelo exército de Napoleão Bonaparte e as colônias hispano-americanas começaram a movimentar-se para alcançar sua independência, as elites peruanas se opuseram à possibilidade, temendo fragilizar sua posição perante as massas indígenas, que já haviam dado mostras de seu poder de insurreição. O Peru acabou emancipado da Espanha especialmente por obra da intervenção das tropas de San Martín, vindas da atual Argentina, e de Simón Bolívar, vindas das atuais Venezuela e Colômbia.

O medo de uma guerra generalizada de uma maioria indígena contra uma minoria branca compara-se ao medo relacionado ao fenômeno do haitianismo, de uma grande rebelião de escravos negros contra os colonizadores franceses.

INDEPENDÊNCIA DO HAITI

O Haiti foi a primeira colônia da América Latina a tornar-se independente de sua metrópole, a França, e o primeiro Estado das Américas a abolir a escravidão negra. No período colonial, chamava-se São Domingos e ocupava a porção ocidental da ilha de Hispaniola, enquanto a parte leste, que também se denominava São Domingos, era colônia da Espanha.

No século XVIII, representava uma colônia de extraordinária importância econômica para a França. Em 1789, era responsável por dois terços do comércio exterior do Império e o maior mercado individual do tráfico negreiro europeu. Para que uma minoria de senhores brancos pudesse manter o domínio sobre milhares de escravos – em 1790, somavam 465 mil –, sua subordinação baseava-se na brutalidade cotidiana e em punições exemplares, com requintes de perversidade.

O medo e a humilhação não impediram, porém, as fugas constantes, que multiplicavam os quilombos e os ataques de quilombolas às fazendas. No século XVII, a figura lendária de Mackandal, originário da Guiné, liderou um movimento que pretendia aterrorizar os brancos da colônia com técnicas de envenenamento. Mackandal terminou traído, capturado e queimado vivo.

No cenário marcado pela violência, houve, entretanto, brechas para relações mais humanizadas. François Dominique Toussaint, que mais tarde adotou o nome de Toussaint L'Ouverture (*abertura* em francês, sinalizando algo de novo), vinha de uma linhagem de chefes da etnia aja na África. Seu pai fora aprisionado e trazido a São Domingos em navio negreiro. O colono que o comprou – segundo nos conta o autor do clássico livro *Os jacobinos negros*, C. L. R. James – percebeu ser ele uma pessoa fora do comum e lhe deu certa liberdade na fazenda de produção açucareira, permitindo que cultivasse uma horta com ajuda de outros escravos.

Casou-se e teve oito filhos. Perto da casa-grande vivia um velho negro chamado Pierre Baptiste, "de notável caráter e algum conhecimento", escolhido como padrinho do primogênito Toussaint. Ensinou a ele crioulo, francês, um pouco de latim e geometria. O menino cresceu sem trabalhar no eito. Cuidava dos rebanhos e manadas, tornou-se cocheiro do senhor e mais tarde administrador dos bens vivos da fazenda.

Quando eclodiu a revolta escrava em 1791, vivia com a esposa e os filhos na *plantation* Bréda, no norte da colônia. Uniu-se aos rebeldes no ano de 1793. Entre 1794 e 1802, tornou-se a principal autoridade da colônia. Mas com a invasão napoleônica, foi capturado e deportado para a França, onde faleceu no ano seguinte, em uma gelada prisão nos Alpes, fragilizado por cruéis torturas.

Retrato do líder da Revolução de Independência Haitiana, François-Dominique Toussaint L'Ouverture (1743-1803).

A revolta dos escravos em São Domingos está associada aos acontecimentos revolucionários na França de fins do século XVIII, que ocasionaram, em 1794, a proclamação do fim da escravidão nas possessões francesas no ultramar. A deposição de Luís XVI e a instituição da Assembleia Geral, em 1789, haviam encorajado as aspirações autonomistas das elites coloniais nas Antilhas. Em São Domingos, como em outras ilhas francesas, formaram-se no mesmo ano Assembleias coloniais para pressionar por maior liberdade econômica e política. Paralelamente, negros e mulatos livres, numerosos em São Domingos, articularam-se para defender a ampliação de seus direitos de participação política. Os anos 1790 e 1791 assistiram ao agravamento das tensões entre as elites senhoriais e os homens livres não proprietários da colônia.

Em agosto de 1791, um acontecimento imprimiu novos rumos aos conflitos. Os escravos das fazendas açucareiras do norte de São Domingos, liderados por Toussaint L'Ouverture, levantaram-se contra seus senhores, exigindo melhores condições de trabalho nos canaviais e engenhos, com mais tempo livre para dedicar-se à própria roça.

Assustados, os senhores de escravos de outras partes da ilha pediram ajuda à Inglaterra, que forneceu tropas para ocupar o sul e o oeste de São Domingos e reafirmar o controle sobre a população de milhares de escravos nessas regiões. Em fevereiro de 1784, os jacobinos decretaram o fim da escravidão nas colônias francesas. Os escravos já não eram, oficialmente, escravos.

A ascensão de Napoleão Bonaparte ao governo francês marcou uma nova reviravolta no processo. Anulou a lei abolicionista de 1794 e enviou um exército de 25 mil homens, comandados pelo general Victor Emmanuel Leclerc, para restaurar a escravidão em São Domingos. Em 1803, apesar do êxito na captura de Toussaint, as tropas imperiais sofreram uma fragorosa derrota e foram expulsas da ilha. Muitos dos escravos nascidos na África traziam consigo a experiência de guerras travadas na terra natal, com táticas de combate em pequenos grupos, movimentando-se pelo território com grande agilidade.

Jean-Jacques Dessalines, um ex-escravo que ascendera à patente de general nas fileiras de Toussaint L'Ouverture, assumiu o comando da luta. Em 1804, os libertos, vitoriosos, proclamaram a independência do Haiti, apoiando-se em argumentos tomados da Ilustração e da Revolução Francesa. Naturalmente, os agora cidadãos haitianos contribuíram para alargar o alcance dos ideais iluministas, dotando-os de uma universalidade que não existia, senão, em termos muito vagos.

> O Haiti tornou-se o primeiro e único país das Américas a associar a independência ao fim da escravidão. Nas demais colônias francesas no Novo Mundo, Martinica, Guadalupe e Guiana, a instituição sobreviveu até 1848. O mesmo ocorreu nas colônias espanholas na América, onde as guerras de independência favoreceram a alforria de muitos escravos que lutaram com os exércitos revolucionários, mas não asseguraram a abolição da escravatura.

Ao mesmo tempo, a rebelião de Tupac Amaru simboliza tensões que marcaram a história do Império Espanhol na América para além das fronteiras do Vice-reino do Peru. Procuremos traçar um quadro desse extenso espaço colonial.

Quando os espanhóis iniciaram a conquista da América, desde a histórica chegada de Cristóvão Colombo, em 12 de outubro de 1492, à ilha caribenha então batizada de Hispaniola, estima-se que houvesse em todo o continente americano 57 milhões e 300 mil habitantes. A região da Mesoamérica, no atual México, era a mais densamente povoada, com 21 milhões e 400 mil nativos. A região dos Andes vinha em segundo lugar, com 11 milhões e 500 mil, seguida pelas planícies da América do Sul, com 8 milhões e 500 mil indígenas. A América do Norte aparecia em último lugar, atrás do Caribe e da América Central.

Antes que a história das populações americanas se encontrasse ou se reencontrasse com a europeia, se considerarmos a teoria das migrações pelo estreito de Bering, civilizações com formas variadas de organização social tiveram lugar nessa porção do mundo, em cenários complexos que, infelizmente, com frequência não se incluem nos manuais escolares.

Havia grupos indígenas nômades ou seminômades vivendo da caça e da coleta; havia populações sedentarizadas que aprenderam a dominar a natureza, cultivando a terra, sofisticando a cultura material e construindo imponentes cidades, com uma complexa estrutura social e política. Conformavam grandes grupos etnolinguísticos, que por sua vez se subdividiam em uma extraordinária multiplicidade de línguas. Ao longo de todo o período colonial, o aprendizado muitas vezes precário do idioma espanhol não implicou o desuso das línguas aborígenes.

A partir do século XVI, os europeus desenvolveram relações diferenciadas com os indígenas. Nos Andes e na Mesoamérica, as populações autóctones foram vistas como mão de obra necessária para o trabalho nas minas, na lavoura ou nos *obrajes*. Ao mesmo tempo, receberam com maior regularidade as intervenções das autoridades coloniais, dos colonos em geral, dos padres e missionários. Nessas regiões foram intensos os processos de miscigenação ou de incorporação de padrões de conduta e de compreensão do mundo trazidos pelo colonizador, com todas as tensões e estratégias de resistência que esses processos envolvem.

Em outras partes do mundo colonial, como a região da Araucânia, no atual Chile e, em menores proporções, na atual Argentina, os índios permaneceram nas margens, fazendo comércio, não raro guerreando ou aceitando tratados de paz com os novos soberanos do território.

Pelo Tratado de Tordesilhas, assinado com o reino de Portugal em 1494, caberiam à Espanha as terras descobertas ou a descobrir a oeste da linha imaginária de Tordesilhas. Situada a 370 léguas a oeste das ilhas de Cabo Verde, a linha reservava a Portugal o que hoje seria uma porção do território brasileiro, porção que acabou sendo, como é sabido, em muito ultrapassada pela colonização portuguesa. Da mesma forma, na América do Norte, Inglaterra e França conseguiram, sobretudo a partir do século XVII, controlar territórios que a Espanha imaginava seus.

As possessões espanholas na América estendiam-se da Mesoamérica à Terra do Fogo, no extremo sul, separada do continente pelo estreito oceânico atravessado em 1520 pela primeira viagem de circum-navegação, realizada por Fernando de Magalhães. A partir de 1492, diferentes expedições partindo da ilha de Hispaniola obtiveram autorização real para enveredar pelo continente e proceder à conquista. Muitos soldados espanhóis traziam consigo experiências das guerras de Reconquista, as quais culminaram, no mesmo ano de 1492, com a expulsão dos mouros do sul da península ibérica.

As façanhas dos que, munidos de poucos soldados, cavalos e armas de fogo, submeteram impérios grandiosos, continuam intrigando e seduzindo os estudiosos da História.

Vejamos como se organizaram, além do Peru, os demais vice-reinos espanhóis na América.

O Vice-reino da Nova Espanha formou-se sobre as bases do Império Asteca, a partir de 1519, ano de sua conquista por Hernán Cortés e suas cinco centenas de soldados. Tendo como ponto inicial da viagem exploratória a já mapeada ilha de Cozumel, próxima à costa leste do México, contornou a península do Iucatã e alcançou Vera Cruz, onde foi rezada a primeira missa. Em Veracruz se estabeleceu, em julho do mesmo ano, o primeiro *cabildo,* ou conselho municipal, a exemplo dos existentes nos municípios espanhóis.

Cortés avançou em direção ao Vale do México, palco do impressionante encontro, preparado por emissários astecas, com o imperador Montezuma. O deslumbramento dos forasteiros com a civilização descoberta culminou com a chegada a Tenochtlilán, cidade de 200 ou 300 mil habitantes, comparável a grandes capitais imperiais como foram Roma e Constantinopla.

Em agosto de 1521, depois de sangrentos combates, Tenochtlitlán foi tomada pelos conquistadores. A cidade ficou vazia com a fuga em massa após a rendição. Mas Cortés estava decidido a fazer dela o novo centro do governo, revestindo suas ruínas de símbolos do novo poder. Instalou-se no palácio de Montezuma, dando o exemplo a outros soldados que recrutaram os braços indígenas para recuperar, com estilo espanhol, os antigos palacetes mexicas.

Em meio às doenças que ceifavam vidas nativas, novas levas de colonizadores começaram a chegar. Vieram também mulheres, embora em número muito menor, contribuindo para disseminar os casamentos interétnicos e diferentes níveis de miscigenação. Com o estabelecimento das primeiras ordens missionárias na Nova Espanha, com destaque ao papel desempenhado pelos franciscanos nesse primeiro momento, o trabalho de catequese e de ensino do castelhano constituiu-se em uma prática fundamental para a incorporação dos índios à nova ordem.

Cronistas, missionários, humanistas e funcionários reais procuraram descrever, decodificar e moldar o cenário social tão movediço. Cédulas reais dos imperadores Carlos V e, na segunda metade do século XVII, Filipe II, procuraram ordenar a convivência e as obrigações recíprocas, no seio da ordem monárquica, entre a "república" espanhola e a "república" dos índios.

Como na prática a voracidade dos colonos tenha, com frequência, ultrapassado as disposições legais que buscaram proteger os indígenas, estabeleceram-se instâncias jurídicas às quais as populações nativas podiam apelar em defesa de seus direitos: além da Audiência, os Tribunais de Província, o Conselho de Índias ou, a partir de sua instalação em 1592, o *Juzgado*

General de Índios. Os dois primeiros vice-reis da Nova Espanha, Antonio de Mendoza (1535-1550) e Luis de Velasco (1550-1564) aceitavam que os indígenas lhes apresentassem pessoalmente denúncias contra abusos sofridos.

O funcionamento das instâncias de apelação jurídica estimulou a mobilização das comunidades indígenas que se formaram a partir de meados do século XVI, como ocorreu no Peru. Nem sempre as comunidades obtiveram ganho de causa nos pleitos que reclamavam contra a espoliação de terras originárias, a cobrança abusiva do dízimo ou do tributo indígena. Mas é fato que a possibilidade de solução jurídica dos conflitos contribuiu para uma diminuição das revoltas rurais ao longo dos séculos XVII e boa parte do XVIII.

Ao longo desse período, os *pueblos* de índios na Nova Espanha experimentaram um movimento de recuperação demográfica e de reorganização identitária. Os *vecinos* de origens variadas reunidos em um mesmo *pueblo* assimilaram o calendário de festas católicas, escolheram um santo protetor para a comunidade, construíram uma narrativa sobre as relações ancestrais que guardavam com aquele local.

Em algumas regiões do Vice-reino, essa integração à ordem colonial alcançou maior sucesso do que em outras. As populações de origem maia do sul do México e da América Central, por exemplo, afirmaram com maior contundência sua condição marginal e resistente em face da colonização. Estabelecidas havia mais de dois mil anos naquela região, organizadas em cidades com sofisticada arquitetura e senhoras de um repertório cultural que envolvia um sistema de escrita e elaborados conhecimentos astronômicos, essas populações realizaram grandes revoltas indígenas nas primeiras décadas que se seguiram à conquista e, em uma nova onda de inquietações, nas últimas décadas do século XVIII.

Mas mesmo onde a ordem estava bem fincada, as relações entre colonos e colonizados foram potencialmente explosivas. Expressão disso foi, dando um salto no tempo, o primeiro movimento de independência do México, iniciado em 1810. Na província de Guanajuato, ao norte da cidade do México, uma multidão de índios pobres, exaurida pelo trabalho nas minas e no campo, respondeu ao chamado do padre Miguel Hidalgo no conhecido *Grito de Dolores* para liberta-se da opressão dos "guachupines", os espanhóis.

Se os Vice-reinos da Nova Espanha e do Peru se estruturaram logo após a conquista espanhola de extensos territórios no continente americano, somente cerca de dois séculos mais tarde essa estrutura administrativa seria revista, com vista a torná-la mais eficiente.

Ao longo do século XVIII, a geografia política do Vice-reino do Peru sofreria importantes alterações. Em 1737, o norte da América do Sul foi desmembrado do restante do território, com a criação do Vice-reino de Nova Granada. À nova jurisdição correspondiam os atuais contornos da Venezuela, Colômbia, Equador e Panamá. Embora Bogotá, nas terras altas dos Andes, tenha sido escolhida como capital do Vice-reino, coube à cidade de Caracas, na costa atlântica, o protagonismo econômico nos tempos que se seguiram. A cultura do cacau espalhou-se pela região e enriqueceu uma dinâmica elite em meio à qual despontaria, alguns anos mais tarde, o libertador Simón Bolívar. Essa prosperidade contribuiu para que, em 1777, a Venezuela fosse alçada a capitania geral, com maior independência em face de Nova Granada.

O Vice-reino de Nova Granada abarcou cenários geográficos e sociais muito variados. Paralelamente ao desenvolvimento da cultura do cacau, manteve-se ativa a exploração mineradora nas encostas meridionais da cordilheira andina, como na província de Popayán. A atividade baseava-se no trabalho escravo de africanos e seus descendentes e no recrutamento de índios para o cumprimento da *mita*.

O tráfico negreiro tinha na cidade de Cartagena das Índias, no norte da atual Colômbia, um porto cativo para alimentar esse substantivo mercado de escravos da América espanhola continental. Em 1778, os 51.802 negros computados pelo censo correspondiam a 6,98% da população de Nova Granada.

Nos arredores de Bogotá, nas províncias de Condinamarca e Boyacá, populações indígenas, especialmente da etnia chibcha, organizavam-se em comunidades agrárias, à maneira dos *pueblos* que se formaram nos Vice-reinos do Peru e do México. Como nessas regiões, os indígenas foram alvo de um contínuo trabalho catequético por parte da Igreja Católica, instituição que consolidou, em Nova Granada, um lugar de poder e riqueza comparável ao conquistado no México ao longo da época colonial.

Por outro lado, a vastidão da floresta amazônica atraía incursões de exploradores naturalistas, em busca de preciosidades da fauna e da flora, para fins medicinais ou de catalogação científica, na voga da publicação do livro *Sistema da natureza*, do sueco Carl Lineu, em 1735. Diferentes naturalistas europeus viajaram ao Vice-reino de Nova Granada entre fins do século XVIII e princípios do XIX, para subir o rio Orinoco em direção à Amazônia. Os viajantes não puderam prescindir do apoio dos estudiosos locais, com os quais se corresponderam e ocasionalmente se encontraram. A inquietação de homens envolvidos no processo de revolucionar o conhecimento humano – em bases racionais e empíricas – não passou ao largo da atmosfera intelectual e educacional da capital vice-reinal, Bogotá.

Mapa de vice-reinos e capitanias. América espanhola em fins do século XVIII, com a demarcação dos quatro vice-reinos e das quatro capitanias gerais, que eram subdivisões administrativas de caráter militar circunscritas a regiões com importância estratégica.

Em 1776, foi a vez de as regiões meridionais da América se separarem do Vice-Reino do Peru com a criação do Vice-Reino do Rio da Prata. Localizada às margens da bacia do Prata, Buenos Aires era uma convidativa porta de entrada para os grandes rios que penetravam o território. Tornou-se estratégico que a Espanha protegesse o lugar da cobiça de comerciantes e piratas vindos, sobretudo, da Inglaterra. Embora houvesse na região alguns lugares de sólida presença colonial, como a cidade de Córdoba, desde o século XVII dotada de uma importante universidade, o sul do continente americano constituía, em muitos sentidos, uma área marginal dos domínios espanhóis.

Feita capital, Buenos Aires passou a administrar um território que compreendia o atual Paraguai, uma parte da atual Bolívia e, em disputas permanentes com a Coroa Portuguesa, o Uruguai. A oeste da Cordilheira dos Andes, encontrava-se o Chile, outra capitania geral da América espanhola.

O fato de as minas de Potosí, no Alto Peru, terem passado à jurisdição do Vice-reino do Rio da Prata constituiu um duro golpe para a economia peruana. Buenos Aires, por sua vez, foi beneficiada pelo fluxo de mercadorias trazidas para embarcação em seu porto rumo ao Velho Mundo. Da mesma forma, foi beneficiada pelo desembarque de bens manufaturados que os comerciantes portenhos distribuíam pelos confins do território, navegando pelos grandes rios.

Muitos forasteiros vislumbraram oportunidades de enriquecimento nessas transações, tornando forte a presença de mercadores estrangeiros, sobretudo ingleses, nessas paragens. Para ingleses e *criollos* envolvidos com o comércio, as restrições monopolísticas impostas pela Espanha estiveram na base de crescentes tensões com a metrópole. Não por acaso, como veremos no próximo capítulo, Buenos Aires constituiu um centro irradiador da luta contra a condição colonial ao longo da segunda década do século XIX.

Campanhas de independência nos vice-reinos espanhóis

Em determinados períodos da História, há mudanças significativas que acontecem em curto espaço de tempo. Foi assim no início do século XIX, mais precisamente entre 1808 e 1824, na América de colonização espanhola. Em pouco mais de uma década, o imenso Império Espanhol na América desmoronou e novos Estados independentes surgiram.

Se quisermos apontar para o estopim político desses extraordinários acontecimentos, teremos que nos reportar aos desdobramentos políticos e militares europeus que se seguiram à Revolução Francesa de 1789. A França, sob o comando de Napoleão Bonaparte, envolveu-se em guerras no continente europeu, aí incluída a península ibérica. Como bem sabemos, os exércitos franceses invadiram Portugal, levando D. João a vir para o

Brasil. A Espanha, aliada "natural" da França, pois as Coroas pertenciam à mesma dinastia dos Bourbon, mudou de posição com a execução de Luís XVI, em 1793, pelos jacobinos, entrando em guerra com a França.

Na Espanha, as disputas entre Carlos IV e seu filho, Fernando, fragilizavam o poder real. O desfecho desse conflito foi a abdicação de Carlos em favor de seu filho. Mas a situação com a França estava muito tensa, com as tropas de Napoleão acantonadas no norte da Espanha. Nesse quadro, pai e filho encontraram-se, a convite de Napoleão, em Bayonne, para acertar as questões entre os dois países. O resultado desastroso para a Espanha foi o aprisionamento de Fernando VII no castelo de Valençai, em 1808, e a nomeação de José Bonaparte, irmão de Napoleão, para o trono espanhol.

Quando a notícia da captura de Fernando VII chegou às colônias, apresentou-se aos *criollos* uma situação inesperada: o rei legítimo estava prisioneiro e um francês ocupava o trono espanhol. As questões da legitimidade do poder constituído e da fidelidade ao rei estavam postas em discussão.

Na Espanha, houve grande resistência ao rei estrangeiro. Um levante popular sacudiu Madri e foi fortemente reprimido pelos franceses. Uma Junta Suprema Central foi organizada em Sevilha para defender a soberania espanhola e tentar expulsar os franceses. Porém, em 1810, estes também tomaram Sevilha e a oposição espanhola se deslocou para Cádis. Nessa cidade, foi tomada uma importante decisão, qual seja, a da convocação de cortes constituintes que deveriam escrever a primeira constituição espanhola. Depois de longos debates, que contaram com a participação de alguns representantes vindos das colônias, ela foi promulgada, em 1812, defendendo os princípios liberais e colocando alguns limites à monarquia espanhola, quando o rei legítimo voltasse ao poder. Com relação às colônias, mantiveram-se restrições à liberdade de comércio e à desigualdade dos direitos de representação política.

A agitação política se espalhava pela América espanhola. Desde 1808, começaram a se formar em diversas cidades – Buenos Aires, Montevidéu, Caracas, México, La Paz, Bogotá, Santiago, Quito – Juntas de governo organizadas pelos *cabildos* municipais nas quais se reuniam os representantes das elites locais. A questão principal em debate dizia respeito ao juramento de fidelidade ao rei cativo, Fernando VII, ou a José Bonaparte. Estas primeiras manifestações, em que havia vislumbres de rebeldia, foram rapidamente reprimidas pelas autoridades espanholas. Porém, em 1810, novas Juntas se formaram e propuseram iniciativas mais concretas como, por exemplo, a instituição do livre-comércio. Mas, de maneira geral, as Juntas na América mantiveram-se fiéis a Fernando VII e demonstraram uma postura moderada e cautelosa sobre uma possível ruptura com a metrópole.

Esses acontecimentos políticos, por si sós, explicam os movimentos de independência? Pensamos que não e, por isso, voltemos os olhos para as colônias para entendermos os descontentamentos sociais e políticos de sua população.

Para tanto, se faz necessário visitar o século XVIII e conhecer as reformas propostas pelos reis da dinastia dos Bourbon, especialmente por Carlos III, que governou de 1759 a 1788. As reformas visavam à modernização da Espanha e de suas relações com as colônias. Para melhor controlar o vasto território da América do Sul, que contava apenas com o Vice-reinado do Peru, foram criados mais dois, o de Nova Granada, em 1739, e o do Rio da Prata, em 1776.

As reformas se dirigiram fortemente para a área da economia. Não restam dúvidas de que nos últimos 35 anos do século XVIII, aconteceram mudanças econômicas importantes. Assim, de um lado, foi posto em prática um modelo mais eficaz de taxação e arrecadação de impostos. De outro, foram abrandadas as regras estritas do comércio exclusivo entre a América e sua metrópole para, entre outros objetivos, diminuir o comércio de contrabando. Terminava o sistema de portos exclusivos – como Porto Belo, Vera Cruz, Cartagena – imposto pela metrópole desde o início da colonização. Outros 20 foram autorizados a fazer comércio com a Espanha, onde também caiu o monopólio de Cádis. Do mesmo modo, a Coroa criou nove guildas (associações) de comerciantes rompendo com o monopólio, até então existente, dos dois únicos Consulados de Comerciantes, o do México (desde 1594) e o de Lima (desde 1613). Em 1778, estabeleceu-se o livre-comércio entre as colônias, antiga solicitação dos *criollos*.

O afrouxamento das relações comerciais entre a Espanha e suas colônias, projetado para o benefício da metrópole, produziu impacto na

América e demonstrou as dificuldades de conciliar interesses opostos. Os comerciantes espanhóis e seus representantes nas colônias reclamavam a volta das restrições que outrora lhes proporcionaram lucro e segurança e os *criollos* consideravam insuficientes as mudanças, desejando o livre-comércio com todas as nações do mundo.

Essas reformas que preconizavam maior controle da Espanha sobre suas colônias fecharam algumas portas para a ascensão social e política dos *criollos,* que passaram a ter mais obstáculos para alcançar altos postos das carreiras administrativas e eclesiásticas. Com isso, os ressentimentos dos nascidos na América diante das regalias e privilégios desfrutados pelos peninsulares (os nascido na Espanha) tenderam a crescer e se aprofundar.

Com relação aos segmentos mais pobres da sociedade, não houve qualquer iniciativa por parte da Coroa para que sua situação melhorasse. Desde o início da colonização, a Coroa havia montado uma estrutura de controle social hierarquizada e rígida que determinava o lugar de cada um na sociedade. A população indígena, numericamente majoritária, sofria com as discriminações e opressão sofridas. Os índios deviam pagar tributo específico ao rei e estavam submetidos a várias modalidades de trabalhos forçados como a *mita* (trabalho obrigatório nas minas) ou os *obrajes* (trabalho compulsório na produção artesanal têxtil). Ainda que os escravos negros não fossem a principal força de trabalho, estavam disseminados por todas as colônias, sendo mais importantes nas plantações do Caribe, nas costas da Venezuela e nas minas de ouro da Colômbia.

Todas as generalizações sobre os movimentos de independência nas colônias espanholas correm o risco de ser simplificadoras, pois há muitas especificidades próprias de cada região. Entretanto, de forma didática, podemos dizer que, entre 1808 e 1810, os *criollos* ilustrados manifestaram suas inquietações por meio da criação de Juntas autônomas que indicavam sinais potenciais de mudança. Progressivamente, o movimento se radicalizou chegando à luta armada que dividiu o mundo colonial entre rebeldes e defensores da Coroa real.

Entre 1810 e 1814, os insurgentes formaram exércitos que conquistaram muitas vitórias sobre as forças realistas, parecendo anunciar a ruptura total com a metrópole. Esses anos correspondem aos do cativeiro de Fernando VII e da dominação francesa sobre a maior parte do território espanhol. Desse modo, a maior preocupação da Junta Suprema (de Sevilha e depois de Cádis) se concentrava na organização da resistência espanhola aos franceses. Os primeiros reforços enviados para combater os insurgentes americanos foram pagos pelos comerciantes de Cádis, interessados em não perder os mercados coloniais para seus concorrentes estrangeiros. Das colônias, os comandantes espanhóis faziam repetidas solicitações de reforços, desde Montevidéu até Lima e Caracas, sem obter os resultados esperados.

Porém, quando os exércitos de Napoleão foram derrotados em 1814, Fernando VII voltou à Espanha e retomou a coroa de José Bonaparte. Determinado a não perder suas colônias, começou a organizar a ofensiva para derrotar definitivamente os rebeldes americanos. Em fevereiro de 1815, a grande expedição do general Pablo Morillo, com 10 mil homens e 18 navios de guerra, partiu para Caracas, pois o norte da América do Sul fora considerado o lugar com as necessidades mais urgentes. Com a chegada das forças espanholas, o movimento rebelde atravessou um período de derrotas, pondo em risco tudo que havia sido alcançado anteriormente. Mas a violenta repressão aos rebeldes com muitas prisões e fuzilamentos provocou mais insatisfação nas colônias. Os insurgentes não apenas sobreviveram, mas também ganharam fôlego e marcharam em direção à independência.

Em 1820, os dois vice-reinados mais importantes do Império Espanhol, a Nova Espanha (futuro México) e o Peru, ainda não haviam alcançado a independência. No entanto, cinco anos mais tarde, com a derrota definitiva das forças realistas no Alto Peru (atual Bolívia), todo o continente rompera com suas metrópoles. O Brasil também declarara sua independência de Portugal. Apenas as ilhas de Cuba e Porto Rico permaneciam sob o domínio da Espanha.

A narrativa minuciosa dos azares da longa e sangrenta guerra na América do Sul comporia um formidável romance de aventuras, com episódios dramáticos e épicos. A região esteve exposta a uma luta incerta, em que a vitória de um dos lados não era evidente e em que a sorte mudou de rota muitas vezes. As sociedades dividiram-se entre a adesão à causa da independência e a lealdade à Coroa espanhola. O medo e a insegurança estavam incorporados à população, ao mesmo tempo que a esperança e a crença na possibilidade de transformações positivas faziam emergir aspirações sociais diversas e conflitantes. Quando a guerra começou, pôs em relevo tais conflitantes expectativas e alimentou sonhos de diversos segmentos da sociedade. O historiador peruano Flores Galindo nos fala de vários murais limenhos do começo do século XIX, que retratavam a imagem do mundo de ponta-cabeça: o réu aparecia aguardando o juiz, o usurário exercendo a caridade, os toureiros investem contra os touros.

Dentro desse amplo quadro, as lideranças militares que comandaram os exércitos insurgentes desempenharam papel importante. Na América do Sul, os dois grandes generais foram o venezuelano Simón Bolívar e o argentino José de San Martín. Porém, se não há exércitos sem comandantes, também não há guerra sem adesão e participação dos diversos setores da sociedade. Assim, é imprescindível levar em consideração essas duas dimensões da insurreição. Vamos começar pelo primeiro ponto, apresentando a trajetória dos dois grandes líderes da independência.

José de San Martín nasceu em Yapeyú, povoado da atual província de Corrientes, em 25 de fevereiro de 1778. Seu pai era um militar espanhol que estava no Rio da Prata a mando da Coroa. Aos 6 anos de idade, a família voltou à Espanha, onde San Martín estudou, tendo ingressado na carreira militar. Ganhou experiência ao participar de batalhas no norte da África e no território espanhol contra as tropas de Napoleão que tinham invadido o país.

Recebia regularmente notícias de Buenos Aires, onde, a partir de 1810, havia começado o movimento pela independência. Como membro de uma sociedade secreta que defendia as ideias liberais, estava convencido de que era preciso combater o Antigo Regime. Assim, em 1812, decidiu abandonar sua carreira na Espanha e dirigir-se ao Prata. No próprio ano de sua chegada, com patente de tenente-coronel, assumiu o comando de um regimento que venceu os espanhóis na batalha de São Lourenço. A independência das Províncias Unidas do Rio da Prata foi proclamada em Tucumán em 9 de julho de 1816.

San Martín tinha uma ampla visão do quadro geral da América do Sul e, desse modo, entendia que a consolidação da vitória sobre os espanhóis só seria alcançada se o Peru, baluarte das forças realistas, fosse libertado. Seu plano era chegar a Lima passando pelo Chile. Mas para tanto, era preciso cumprir a difícil façanha de atravessar os Andes. Durante três anos, preparou uma expedição que contou com a mobilização de 5.500 homens, entre eles um significativo contingente de escravos negros vindos de Buenos Aires. Durante a célebre travessia, houve baixa de 400 soldados.

As forças de San Martín foram bem-sucedidas em sua passagem pelo Chile. Mostraram-se fundamentais na batalha de Maipu, que ocorreu em abril de 1818 e que consolidou a independência do Chile, proclamada por Bernardo O'Higgins, dois meses antes.

Mas o objetivo final era libertar o Peru. Assim, uma expedição de 4 mil homens em 23 navios deixou o Chile, em agosto de 1820, em direção a Lima. A tomada da capital do Vice-reinado do Peru ocorreu em 28 de julho de 1821, quando a independência foi proclamada.

San Martín foi um grande líder militar, porém não demonstrou ter habilidades políticas suficientes para governar o Peru. Depois de grande resistência a sua liderança, incapaz de contornar os problemas pós-independência, resolveu deixar tudo e partir, em 1824, para a Europa com sua filha de 8 anos, Mercedes Tomasa, cuja mãe havia falecido um ano antes. Viveu na Bélgica e na França, até sua morte, em 1850. Na Argentina, é considerado "herói nacional". E, como tal, teve suas cinzas, em 1880, trasladadas para Buenos Aires e depositadas em mausoléu na catedral da capital.

A outra grande figura da independência, Simón Bolívar, também teve uma vida repleta de peripécias. Nasceu em Caracas, em 24 de julho de 1783, filho de uma rica e tradicional família de fazendeiros de cacau. Órfão desde muito cedo, foi criado pelo avô, que lhe proporcionou uma esmerada educação de inspiração liberal entregue ao lendário e radical preceptor Simón Rodriguéz. Como era comum entre os *criollos* mais ricos, viajou várias vezes à Europa, tendo passado por França, Itália e Espanha. Neste último país, casou-se com María Teresa del Toro que, após oito meses de casada, faleceu em terras venezuelanas, de febre amarela, para grande desgosto do marido.

Entre idas e vindas da Europa, instalou-se definitivamente na Venezuela, em 1807, envolvendo-se, desde o início, nos movimentos pela independência.

Na América, a Venezuela foi o primeiro território a declarar sua independência frente à Espanha, em 5 de julho de 1811. Mas a nascente república não se sustentou. As dificuldades aumentaram para os rebeldes, quando na Sexta-Feira Santa de 1812, a cidade de Caracas foi sacudida por um terrível terremoto. Os realistas afirmaram que este havia sido o "justo castigo" de Deus diante da rebelião contra o monarca e a Igreja.

As vitórias e derrotas das forças rebeldes lideradas por Símon Bolívar, no norte da América do Sul, demonstravam a dificuldade da Espanha em vencer os rebeldes e os obstáculos que estes enfrentavam para manter as conquistas. Depois da restauração de Fernando VII, como já foi indicado, chegou a Nova Granada a grande expedição do general Pablo Morillo para reconquistar os territórios perdidos. A repressão foi muito violenta, indicando, num primeiro momento, que esta era a estratégia correta. Mas a resistência rebelde também se adensou, alimentada por insatisfação crescente frente às arbitrariedades das forças realistas. Bolívar e seus generais reorganizaram os exércitos e iniciaram a virada no tabuleiro da guerra, prometendo a alforria aos escravos que se alistassem e terra aos soldados do exército.

Do mesmo modo que San Martín, Bolívar atravessou os Andes para lutar contra os espanhóis, tomando Bogotá. No final de 1819, foi proclamada a independência do Vice-reinado de Nova Granada e a união de todas as províncias na república da Grã-Colômbia, sendo Bolívar o primeiro presidente. Pouco tempo depois, em 1821, a Venezuela conquistava a independência depois da vitória na famosa batalha de Carabobo.

A saga militar bolivariana só terminaria após a intervenção de seus exércitos nas lutas pela independência do Vice-reinado do Peru, que haviam sido conduzidas anteriormente por San Martín. As batalhas finais pela libertação da América do Sul aconteceram na serra peruana, sendo a última delas, a de Ayacucho, comandada pelo general José Antônio de Sucre, em 1824, o mesmo que libertara o Equador na Batalha de Pichincha, dois anos antes. Sucre era uma figura muito próxima de Bolívar e, como reconhecimento por seus feitos, propôs que a região do Alto Peru passasse a ser denominada de Bolívia.

Diferentemente de San Martín, Bolívar envolveu-se fortemente com as questões do poder político. Exerceu cargos executivos, trabalhou na elaboração de textos constitucionais e deixou muitas cartas e outros escritos versando sobre temas políticos diversos, carregados de ideias e propostas.

Angariou muitos seguidores e também fez muitos inimigos. Alguns deles, como o general colombiano, Francisco de Paula Santander, futuro presidente da Colômbia, fora seu antigo aliado. Bolívar sofreu atentados à sua vida, mas saiu ileso. Em uma das vezes, foi salvo por Manuela Sáenz, sua última companheira. Nascida em Quito, Manuela deixou o marido para seguir Bolívar. Já em vida era conhecida por sua iniciativa, coragem e lealdade ao general.

No entanto, as tramas políticas nas quais Bolívar se envolveu acabaram por deixá-lo isolado. A Grã-Colômbia que ele idealizara se fragmentou, fazendo surgir países separados: Venezuela, Equador e Colômbia. No começo de 1830, renunciou ao cargo de presidente e, desgostoso com tudo, partiu em direção a Cartagena, para se autoexilar. Antes de lá chegar, morreu em Santa Marta, pobre e tuberculoso, no dia 17 de dezembro de 1830.

Construiu-se, desde o século XIX, um verdadeiro culto ao "Libertador", considerado o "maior herói nacional" da Venezuela. Algumas de suas propostas atravessaram os séculos, como a ideia de construção de uma possível unidade latino-americana. Essa perspectiva nasceu com sua proposta da constituição de uma liga que se formaria num congresso de representantes das novas nações, a ser realizado no Panamá, em 1826. Como convidados especiais foram chamados os Estados Unidos (o representante morreu a caminho) e a Inglaterra (mandou um simples observador). A reunião fracassou e notáveis ausências foram registradas como as do Brasil, Argentina e Chile. Mas "o sonho" persistiu e foi ganhando novas roupagens com o passar das gerações, chegando até o presente.

Interessante lembrar que Bolívar e San Martín tiveram quadros pintados por seus contemporâneos. O peruano José de Castro Gil, conhecido pelo nome de Mulato Gil, fez retratos de ambos, assim como o de Bernardo O'Higgins. Bolívar, que deixou inúmeras imagens para a posteridade, encontrou tempo para pousar por duas vezes para o pintor colombiano José María Espinoza, também autor da última tela que traz o general já envelhecido e alquebrado.

Como vimos, os exércitos rebeldes contaram com comandantes estrategistas para vencer a guerra. Mas, para que as forças insurgentes se pusessem em marcha, era preciso que pessoas abastadas patrocinassem sua organização.

Nesse sentido, os ricos comerciantes da cidade de Buenos Aires financiaram a formação dos primeiros batalhões e, na Venezuela, foram os plantadores de cacau os responsáveis por parte importante de tal financiamento.

Porém, não há exército sem soldados que, por sua vez, deviam estar convencidos de que a causa da independência era a mais justa e necessária para destruir a ordem colonial. Desse modo, "pessoas comuns" dos mais diversos segmentos sociais e étnicos foram indispensáveis para engrossar as fileiras insurgentes, mas suas histórias acabaram esquecidas ou pouco valorizadas. Assim, é importante mostrar tal participação.

As novas ideias que estimularam a independência foram divulgadas por um grupo considerável de letrados provenientes das diversas partes da América. Nos muitos escritos desse período – panfletos, memórias, discursos, jornais – defendiam a independência, demonstrando sólido conhecimento das ideias liberais. Fundamentaram-se nelas para armar suas plataformas de ação e sua justificativa da ruptura com a metrópole.

Um belo exemplo desses letrados é Francisco José de Caldas (1771-1816), nascido em Popayán, atual Colômbia. Geógrafo, astrônomo e naturalista, fez coexistir sua fé católica com a adoção do método experimental em ciência, aliadas à firme defesa da independência política da Nova Granada. Foi diretor do Observatório Astronômico de Bogotá – criado pouco tempo antes – e editor do *Semanario del Nuevo Reino de Granada*. Quando a guerra começou, assumiu a causa da independência e criou um jornal, *Diario Político*. Em 1816, as forças realistas do general Morillo o aprisionaram. Julgado, foi fuzilado em Bogotá junto com um grupo de liberais colaboradores do *Semanario* e do *Diario*.

Do mesmo modo que os homens ilustrados contribuíram para a independência, os mais desfavorecidos membros da sociedade colonial, os escravos negros, marcaram sua presença. Como já vimos, eles foram os protagonistas centrais nas lutas pela independência do Haiti. Mas também lutaram nas guerras na América do Sul. A eles, em geral, era concedida a alforria, caso se alistassem do lado dos insurgentes. Há muitos exemplos a serem indicados. No Rio da Prata, eles integraram vários batalhões e sofreram pesadas baixas. O mais conhecido foi o "Batalhão Negro de Buenos

Aires", integrante do exército de San Martín, que atravessou os Andes. De um total de 5 mil homens que partiram em direção ao Chile, 1.500 eram negros. O exército de Sucre, responsável pela vitória na decisiva batalha de Ayacucho, no Peru, contava com um grande contingente de soldados negros. O antigo escravo Pedro Camejo, apelidado por sua coragem de *Negro Pimero*, participou dos exércitos de Bolívar e morreu no campo de batalha em Carabobo. Sua morte foi retratada com destaque na tela sobre a batalha elaborada pelo grande pintor venezuelano Martín Tovar y Tovar (ver box "A escravidão na América espanhola").

A ESCRAVIDÃO NA AMÉRICA ESPANHOLA

A partir de fins do século XV, e com grande intensidade a partir do século XVII, os domínios coloniais europeus nas Américas e no Caribe incorporaram o regime de trabalho escravo de populações trazidas de diferentes regiões do continente africano. Entre fins do século XV e o século XIX, mais de 12 milhões de africanos foram embarcados rumo ao Novo Mundo. A América portuguesa foi a maior receptora do tráfico, ultrapassando a casa dos quatro milhões de indivíduos ingressos. Na primeira metade do século XIX, até que se promulgasse a Lei Eusébio de Queirós, em setembro de 1850, o volume de escravos desembarcados alcançou níveis sem precedentes. Também os Estados Unidos experimentaram um aumento do tráfico no alvorecer dos anos 1800, com números menores do que o Brasil e um fluxo francamente decrescente a partir de 1826. O que não significa, como sabemos, que a escravidão tenha se tornado um problema secundário naquele país, nas décadas que se seguiram.

Na América espanhola, incluindo-se os domínios hispânicos no Caribe, estima-se que tenham entrado 1.660.000 cativos. Do total de 1.660.000, Cuba recebeu, entre as décadas de 1790 e 1870, 840 mil escravos. A importância que a escravidão de origem africana assumiu na ilha, associada ao sistema de *plantation* do açúcar, está associada ao lugar estratégico que o império de Carlos III conferiu a Cuba, no contexto das já mencionadas Reformas Bourbônicas. O modelo de produção escolhido, celebrado pela oligarquia agrária sediada em Havana, inspirava-se nas economias escravistas das colônias francesas e inglesas nas Antilhas. Dentre elas, o Haiti.

> Como os próprios números sugerem, a escravidão foi menos central nos vice-reinos espanhóis no continente. Ela esteve presente, entretanto, no trabalho minerador, doméstico, agrícola, artesanal e mercantil, em muitas partes do mundo colonial. Em algumas regiões, como nas minas do Vale do Cauca ou da Antioquia, no Vice-reino de Nova Granada, na sua cidade portuária de Cartagena das Índias, os africanos e seus descendentes, nascidos em cativeiro ou forros, foram a base da mão de obra.
>
> Mas em que pesem as diferenças regionais na América espanhola, a importância demográfica dos escravos e libertos foi proporcionalmente pequena em face das populações indígenas. Na América do Sul, os exércitos libertadores recrutaram escravos para lutar em suas fileiras. Como resultado, muitos morreram ou conquistaram sua alforria ao fim das guerras.
>
> Ainda sim, a escravidão sobreviveu às independências. Somente em Porto Rico e em Cuba, onde a emancipação teve de aguardar quase todo o século XIX, foi abolida, respectivamente, em 1873 e em 1886, alguns anos antes do fim do jugo espanhol.
>
> No restante da América espanhola, mais cedo ou mais tarde, o tráfico de escravos foi proibido e a escravidão abolida. No Peru, por exemplo, isso aconteceu em 1854, durante a presidência de Ramón Castilla. Os proprietários de escravos foram indenizados pelas perdas patrimoniais. No registro de indenizações, o Convento de La Buena Muerte figura como o maior dos proprietários, obrigado a emancipar 517 pessoas. Dos países continentais hispano-americanos, o Paraguai foi o último a libertar os escravos, no ano de 1869, em plena guerra com a Tríplice Aliança.

Indígenas e mestiços igualmente participaram das lutas pela independência. No México, os exércitos liderados pelos padres Miguel Hidalgo e José María Morelos contaram com número expressivo de camponeses indígenas e mestiços (ver box "Independência do México"). Do mesmo modo, eles aderiram à rebelião de Cusco de 1814, liderada pelos irmãos Angulo, que se espraiou desde o sul do Peru até a atual Bolívia. Um exemplo sempre lembrado é o do cacique indígena Mateo Pumacahua, de 75 anos, cujas forças se integraram aos insurgentes. Ele foi preso, condenado à morte e executado em frente de suas tropas.

INDEPENDÊNCIA DO MÉXICO

Em 16 de setembro de 1810, se iniciava na Nova Espanha a rebelião contra o domínio espanhol, liderada por Miguel Hidalgo y Costilla, padre do pequeno *pueblo* de Dolores, próximo da cidade mineradora de Guanajuato. A Nova Espanha era a parte mais rica e mais importante do Império Espanhol na América.

Depois de expressivas vitórias sobre as forças realistas, os rebeldes foram derrotados na Batalha de Aculco, muito perto da Cidade do México. Hidalgo foi preso, julgado e fuzilado em julho de 1811. O comando das forças independentistas passou para as mãos de outro padre, José María Morelos y Pavón. Depois de vitórias expressivas, como a tomada da cidade de Oaxaca, no sul do México, os exércitos rebeldes não tiveram condições de reagir ao avanço das tropas realistas. Morelos acabou preso e fuzilado em 1815. Com a morte de Morelos, os grupos insurgentes lutaram isoladamente, fazendo uma resistência de guerrilha, mas sem alcançar êxito.

Importante assinalar que os dois padres, em especial Morelos, defenderam as aspirações dos mais pobres, tomando atitudes radicais. Hidalgo proclamou a abolição da escravidão negra e o fim dos tributos indígenas. Morelos propôs a distribuição de terras, inclusive as da Igreja, para os camponeses. Desse modo, se entende a grande participação de indígenas e camponeses nos exércitos rebeldes que carregavam à frente o estandarte da Virgem de Guadalupe e que chegaram a contar com 80 mil homens. Esta adesão se explica pela extrema pobreza em que vivia a maior parte da população do futuro México e as esperanças abertas com a rebelião.

Finalmente, em 1821, depois de 10 anos de guerra, da morte de aproximadamente 1 milhão de pessoas (a sexta parte da população) e da devastação da economia, a independência foi alcançada. Ela foi o resultado de um acordo entre as elites, sendo seu líder o general Agustín de Iturbide, que havia anteriormente combatido com obstinação as forças rebeldes independentistas.

A Igreja Católica, enquanto instituição hierarquizada, esteve ao lado dos realistas durante o processo de independência e, muitas vezes, usou a religião como arma para dissuadir os rebeldes. Quando o terremoto de 1812 sacudiu Caracas e outras cidades da Venezuela, a posição da Igreja foi a de afirmar que este fora um castigo de Deus pela revolta contra o rei e a Igreja.

Por outro lado, é notável o número de padres que se incorporaram ao movimento de emancipação. Na Nova Espanha, calcula-se que mil dos 10 mil sacerdotes existentes tomaram posição diante das lutas. Muitos padres se transformaram em líderes como Hidalgo e Morelos na Nova Espanha, Camilo Henriquez no Chile ou o cônego Luís Vieira em Minas Gerais.

Entretanto, não apenas o gênero masculino marcou sua presença no período. A participação das mulheres foi significativa e se deu em diversos níveis: como acompanhantes dos exércitos, como soldados, como mensageiras ou como animadoras da causa da independência. Tomemos alguns poucos exemplos.

Nos campos de luta, as mulheres, às vezes com filhos, acompanhavam os soldados – maridos, amantes ou irmãos. Como não havia abastecimento regular das tropas, cozinhavam, lavavam, costuravam, em troca de algum dinheiro. Essas mulheres aguentavam as duras caminhadas e as agruras das batalhas sem qualquer reconhecimento positivo. Ao contrário, em geral, carregavam a pecha de "mulheres fáceis" que se vendiam aos homens por qualquer preço.

Também participaram de batalhas como soldados. Uma delas foi Juana Azurduy de Padilla que nasceu em Chuquisaca (hoje Sucre), em 1780. Junto com o marido, homem de posses, dono de fazendas, liderou um grupo de guerrilheiros, participando de 23 ações armadas, algumas sob seu comando. Ganhou fama por sua coragem e habilidade, chegando a obter a patente de tenente-coronel. Depois da morte do marido, Juana, que perdeu todos os seus bens, continuou participando da luta guerrilheira, ainda que com dificuldades crescentes. A seu lado, nos combates, havia um grupo de mulheres, chamadas "las amazonas".

Mulheres de famílias abastadas, demonstrando sua adesão à causa da independência, abriram seus salões para tertúlias em que se discutiam ideias e se propunham estratégias em favor do movimento.

Entre as mensageiras, um exemplo extraordinário foi o de Policarpa Salavarrieta, conhecida como Pola, nascida em Guaduas, na atual Colômbia, em 1795, numa família de regular fortuna ligada à agricultura e ao comércio. Pola trabalhava como costureira em casas de famílias defensoras dos realistas e, como tal, colhia informações para serem enviadas às tropas guerrilheiras, das quais fazia parte seu noivo, Alejo Sabaraín. Ao ser preso, foi encontrada com ele uma lista de nomes de realistas e de patriotas que Pola lhe havia entregue. Assim, ela foi capturada, julgada e condenada à morte por um Conselho de Guerra. No dia 14 de novembro de 1817, Policarpa Salavarrieta e Alejo Sabaraín e outros oito homens foram fuzilados na Praça Maior de Santa Fé de Bogotá. Sua morte causou grande comoção, provocando fortes reações. Imediatamente após seu fuzilamento, ela foi retratada, num célebre quadro, esperando pelo momento final. Poemas e peças teatrais surgiram cantando sua lealdade à causa independentista e sua coragem diante do cadafalso.

Obra do século XIX de pintor anônimo retratando Policarpa Salavarrieta (1795-1817) pouco antes de ser fuzilada a mando da Espanha, acusada de ter participado ativamente da luta pela emancipação do Vice-reino de Nova Granada.

Importante indicar, igualmente, os poemas e canções escritas nessa época por aqueles que vivenciaram aquelas lutas. O mais conhecido entre os poetas populares foi Bartolomeu Hidalgo, nascido em Montevidéu, em 1778, e falecido na Argentina em 1822. Deixou muitos versos, entre eles um *Cielito* (canto e baile popular da região) sobre a Independência, do qual retiramos uma estrofe:

> Os persistentes argentinos
> juram hoje com heroísmo
> eterna guerra ao tirano,
> guerra eterna ao despotismo:
> *Cielito, cielo* cantemos,
> se acabarão nossas penas
> porque já jogamos fora
> os grilhões e as correntes.

Os historiadores, desde o século XIX, buscaram entender as razões que desencadearam os acontecimentos da independência. Alguns deles insistiram na importância das ideias para mudar o cenário colonial. Nessa perspectiva, salientaram as novas ideias da Ilustração francesa – sintetizadas no lema revolucionário "Liberdade, Igualdade e Fraternidade" – como fundamentais; outros afirmaram que tais ideias chegaram às Américas por intermédio de alguns pensadores da própria Espanha; a independência dos Estados Unidos, ocorrida em 1776, também inspirara os *criollos* que a viam como modelo a ser seguido.

Para outros estudiosos, os motivos centrais estavam em questões estruturais e materiais de ordem econômica. Desse modo, a força da Revolução Industrial inglesa que necessitava de mercados consumidores por todo o mundo se mostrava incompatível com as restrições comerciais impostas pelas metrópoles ibéricas – monopólios e privilégios – sobre suas colônias americanas. As regras de funcionamento do capitalismo exigiam plena liberdade de comércio, o que levaria fatalmente ao desmoronamento do mundo colonial.

O bicentenário das independências estimulou muitos trabalhos sobre o tema. Discutiu-se, por exemplo, a importância da reunião das Cortes de

Cadiz, em 1812, que despertou um intenso debate jurídico/político e que explicitou as divergências entre os vários participantes – muitos deles vindos da América – sobre as novas bases em que se assentaria o Império Espanhol.

Como procuramos mostrar, para se compreender o processo de independência das colônias espanholas, é preciso computar fatores tanto de ordem econômica, social, como cultural, religiosa, jurídica e política. É nessa moldura que homens e mulheres de carne e osso fizeram suas escolhas e optaram por se engajar na longa guerra contra a Espanha ou por permanecer fiel à ordem colonial. Concordamos com a interpretação do historiador peruano Alberto Flores Galindo. Para ele, ao se pensar o passado, deve-se levar em conta que "os desenlaces são o resultado de combinações sempre específicas entre determinações estruturais e vontades, tanto individuais como coletivas".

Terminada a guerra, as consequências desse período conturbado afloraram. A longa luta desorganizara a economia e muitas das riquezas produzidas nas fazendas e nas minas haviam sido destruídas. O comércio estava em franco declínio e os tesouros públicos encontravam-se esgotados. O trabalho de reconstrução que se impunha era enorme. Os líderes políticos disputavam o poder e os novos Estados ainda em formação mostravam-se frágeis.

Na Espanha, continuaram a existir planos rocambolescos para a reconquista da América. Assim, em julho de 1829, Fernando VII enviou ao México, partindo de Cuba (que permanecia como colônia espanhola), um exército de 4 mil homens para reconquistar o que havia sido perdido. Julgava que ali os realistas eram muito fortes e que o apoiariam. Depois de perder 900 soldados, o brigadeiro Barradas rendeu-se e deixou o México. Foi a última tentativa de retomar o continente perpetrada pela Coroa espanhola. Fernando VII, ao morrer em 1833, ainda acreditava que a independência tinha sido o desejo de uns poucos e "que a América se perdera contra a vontade da mesma América".

O horizonte republicano nos Estados nacionais em formação

A conquista da independência marcava o rompimento dos laços políticos com a metrópole e também indicava que complexas tarefas mostravam-se urgentes. Era necessário construir os novos Estados, montar uma estrutura administrativa, delimitar fronteiras, organizar instituições para garantir a ordem e o controle sociais e, além de tudo isso, encontrar formas de reanimar as combalidas economias. Grupos políticos se formaram para pensar e encaminhar soluções para tais problemas.

A América espanhola, como se sabe, optou pelo regime político republicano. No entanto, lá também havia defensores da Monarquia – como José de San Martín, por exemplo – que entendiam ser esse o único regime capaz de garantir a ordem política e manter a coesão social. Para eles, apenas um monarca com sua "imparcialidade" seria capaz de se colocar acima dos interesses imediatistas dos grupos em disputa. Assim se explica o fato de grupos conservadores peruanos e mexicanos tentarem encontrar na Europa, algumas vezes durante o século XIX, um monarca "salvador" que hipoteticamente resolveria os problemas endêmicos das novas nações.

Mapa político da América Latina em 1830. Depois de encerradas as guerras de independência, os territórios dos Estados nacionais que se formaram nas antigas possessões de Espanha e Portugal já estavam praticamente definidos, com os limites similares aos que conhecemos hoje.

Se as questões da grande política ocupavam as elites, aqueles que não dispunham de recursos – quer econômicos, quer culturais – mantinham a esperança de que os tempos que se abriram com a independência lhes trouxessem benesses e regalias. Contavam que acontecessem reformas sociais, como acesso à terra, melhores condições de vida e maior participação política. Quando as esperanças se frustraram, rebelaram-se contra os que detinham o poder nos novos Estados instituídos.

Interesses econômicos e sociais diversos num quadro de fortes mudanças institucionais formavam o pano de fundo da construção dos Estados nacionais. Desse modo, nas primeiras décadas após a independência, houve grande instabilidade política provocada pelo confronto entre adversários que tinham propostas conflitantes para o futuro de seus países. Essa turbulência desembocou, algumas vezes, em guerras civis que envolveram setores diferenciados da sociedade, de abastados fazendeiros a pobres peões. Os pontos mais controversos giravam em torno da organização centralizada ou federalista de governo; da manutenção dos privilégios das corporações e dos foros especiais relativos ao Exército e à Igreja, instituição muito poderosa durante todo o período colonial; e sobre a participação política popular, vale dizer, sobre os significados e alcance da democracia.

Este último tema foi fortemente discutido pelas elites do período. Num Estado republicano era preciso escrever uma constituição e promover eleições. O poder político emanava da sociedade, porém os setores populares poderiam ter participação plena, sem afetar a ordem social defendida com vigor pelos grupos dirigentes?

Desde antes da independência, Simón Bolívar já se preocupava com essa questão, defendendo posições contrárias à ampla participação política popular. Na famosa Carta da Jamaica, de 1815, na qual fazia uma análise da situação de cada uma das partes da América do Sul, ainda sob o domínio espanhol, escreveu sobre a Venezuela:

> Em Caracas, o espírito de partido teve sua origem nas sociedades, assembleias e eleições populares, e estes partidos nos levaram à escravidão. Assim como a Venezuela tem sido a república americana que mais tem aperfeiçoado suas instituições políticas, também tem sido o mais claro exemplo da ineficácia da forma democrática e federal para nossos nascentes Estados.

Em 1819, no decisivo Congresso de Angostura, na Venezuela, Bolívar propunha que o Senado, ao invés de ser eleito, deveria ser hereditário, para evitar "as investidas" do povo. Nesse mesmo discurso, dizia que "a liberdade indefinida e a democracia absoluta são os escolhos onde foram se arrebentar todas as esperanças republicanas". Mais tarde, em 1825, em pronunciamento diante do Congresso Constituinte da Bolívia, propôs a presidência vitalícia para o país:

> O presidente da república nomeia o vice-presidente, para que administre o Estado e o suceda no poder. Por esta providência, evitam-se as eleições, que produzem a grande calamidade das repúblicas, a anarquia, que é o luxo da tirania e o perigo mais imediato e mais terrível dos governos populares.

Outra figura importante do período da independência foi o argentino Bernardo de Monteagudo. Na juventude, foi ardoroso adepto da democracia e diretor da Sociedade Patriótica, fundada em Buenos Aires em 1812. Acompanhou San Martín, de quem foi secretário, na épica travessia dos Andes. Depois da independência do Peru, ocupou o cargo de ministro do Exterior. Lá fez inimigos políticos poderosos e terminou a vida misteriosamente assassinado em uma rua de Lima, em 1825. Com o passar dos anos, moderou mais e mais suas convicções, tornando-se monarquista. Escreveu em 1823, depois de sua breve experiência política no Peru: "É necessário concluir que as relações que existem entre amos e escravos, entre raças que se detestam e entre homens que formam tantas subdivisões sociais quantas modificações há em sua cor, são inteiramente incompatíveis com as ideias democráticas."

Nas décadas de 1820 e 1830, foram os liberais que se detiveram em pensar, de forma mais consistente, sobre as questões em torno da democracia, elaborando justificativas que impunham limites à soberania popular. Tomemos dois Estados, a Argentina e o México, para entendermos este último ponto.

A Argentina depois da independência estava dividida politicamente entre aqueles que propunham um governo centralizado – os unitários – e os que advogavam a autonomia radical das províncias – os federalistas. As divergências entre eles foram de tal envergadura que acarretaram guerras civis intermitentes. Líderes políticos locais ou provinciais, chamados de caudilhos, à frente de grupos armados, impediram a organização de um Estado nacional centralizado até 1862, quando Bartolomeu Mitre assumiu a presidência nacional.

Essas disputas eram o resultado das muitas diferenças entre as regiões da futura Argentina. A província de Buenos Aires com suas estâncias de gado e seu dinâmico porto desejava controlar as rendas da aduana em proveito próprio e não queria a livre navegação dos rios, como o Paraná e o Uruguai. A região do chamado litoral dos rios, onde estavam as províncias de Entre Rios e Santa Fé, lutava, ao contrário, pelo livre-comércio nas águas desses rios. O interior – e suas grandes cidades como Córdoba, Mendoza e Tucumán – fora muito importante durante o período colonial até a segunda metade do século XVIII, e tinha estabelecido uma dinâmica econômica e cultural própria. Desse modo, era extremamente difícil harmonizar os interesses dessas três regiões e construir um Estado que os representasse. Assim, se entende a força dos federalistas e o apoio local e popular que receberam.

Dentre os federalistas, estavam o governador de Buenos Aires, Juan Manuel de Rosas e Facundo Quiroga, poderoso caudilho da província de La Rioja. Esses líderes nem sempre advogavam posições semelhantes a respeito de muitos temas, como por exemplo, a própria organização do Estado nacional. Enquanto Quiroga pensava ser necessária a criação de um Estado dentro do sistema federalista, Rosas entendia que cada província devia primeiro se organizar e se estabilizar para só então poder se constituir a Federação. Dentre os unitários, a figura já lendária do derrotado general José Maria Paz, natural de Córdoba, permanecia ainda como símbolo de resistência contra o poder dos federalistas.

Depois de uma efêmera experiência, na década de 1820, em que o país esteve unificado sob um governo centralizado, a Argentina estava organizada como uma instável federação de províncias. Em Buenos Aires, o estancieiro Juan Manuel de Rosas chegou ao governo da província em 1829. Com um breve intervalo, ali permaneceu até 1852, quando, na grande batalha de Caseros, foi derrotado por um exército comandado por Justo José de Urquiza, natural de Entre Rios, do qual faziam parte tropas do Império Brasileiro (ver box "Conflitos no Prata"). Rosas governou Buenos Aires com mão de ferro. Por intermédio de uma série de pactos com outros governadores ficou encarregado dos Negócios Estrangeiros do futuro país. Depois do assassinato de seu importante rival político, Facundo Quiroga, em 1835, seu poder político estendeu-se por todo o país.

CONFLITOS NO PRATA

Desde o início, em 1810, das lutas pela independência das colônias espanholas, Portugal (posteriormente também o Brasil) e Argentina disputaram o domínio sobre a Banda Oriental. Quando José Artigas iniciou, em 1811, as lutas pela independência do futuro Uruguai, o Império Português entendeu que era o momento apropriado para atingir seus antigos objetivos, mobilizando suas forças para intervir na região. A movimentação e as propostas de Artigas eram consideradas perigosas aos olhos Coroa portuguesa, porque estavam voltadas para as aspirações populares. Isso levou à primeira (e frustrada) intervenção portuguesa, na Banda Oriental, em 1811. Mas, do outro lado do estuário, Buenos Aires comandava as lutas para se tornar independente da Espanha. Conquistando rapidamente seguidas vitórias, projetava manter sua hegemonia sobre os mesmos territórios que haviam composto o antigo Vice-reinado do Rio da Prata. Desse modo, tanto a Banda Oriental, quanto o Paraguai "deveriam" fazer parte das nascentes Províncias Unidas do Rio da Prata. Assim, as ambições portuguesas e portenhas se enfrentaram em torno do território do futuro Uruguai. Em 1816, quando Artigas lutava contra os Unitários portenhos e desagradava, com suas propostas radicais de confisco de terras, à elite mercantil e proprietária da Banda Oriental, os portugueses novamente mandaram tropas por terra e por mar para a região, culminando suas ações com o cerco a Montevidéu. Receberam apoio de proprietários rurais e de comerciantes, descontentes com Artigas. Este acabou derrotado em 1820, deixando o território da Banda Oriental para sempre. Aproveitando-se da debilidade dos portenhos – provocada pelas lutas políticas locais que os dividiam –, os portugueses, temporariamente vitoriosos, incorporaram, em 1821, a Banda Oriental a seu Império, com o nome de Província Cisplatina. Com a independência brasileira, em 1822, o imperador D. Pedro I seguiu a política externa já estabelecida. A província Cisplatina "pertencia" ao novo país.

No entanto, as ambições brasileiras sobre o território da Banda Oriental começaram a ser soterradas em 1825. A luta dos uruguaios pela reconquista anulou os compromissos políticos com o Brasil e reintegrou a Banda Oriental ao território das Províncias Unidas do Rio da Prata. A guerra desencadeada entre Brasil e Argentina terminou sem vitoriosos. Com a arbitragem da Grã-Bretanha, o Estado Oriental do Uruguai, como país soberano, nascia em 1828.

> Com a abdicação de D. Pedro I, em 1831, abriu-se com a menoridade do sucessor ao trono brasileiro o período conhecido como o das Regências. Nesses anos, o Brasil foi sacudido por uma série de rebeliões de forte cunho regionalista, muitas delas propondo a separação do resto do país, constituindo-se em ameaçador perigo da dissolução "da ordem e da unidade" do Império. A mais longa dessas rebeliões foi a Farroupilha (1835-1845), no Rio Grande do Sul, que pôs em risco a manutenção das "fronteiras naturais" do sul do país. A tentativa de separação se alicerçava em propostas republicanas de governo, concretizadas na criação da República de Piratini. O fantasma da perda da Província Cisplatina rondava a corte imperial, e o envolvimento de grupos uruguaios nas lutas indicava a permanência de interesses econômicos e políticos comuns, assim como de fronteiras bastante flexíveis.
>
> No final da década de 1840, o Brasil trabalhava pela derrubada de Oribe, líder dos Blancos uruguaios, e do poderoso governador federalista de Buenos Aires, Juan Manuel de Rosas. Para tanto, aliou-se a seus inimigos internos, como o governador de Entre Rios, Justo José de Urquiza, e aos Colorados uruguaios e buscou (em vão) também aliados no Paraguai. Os resultados dessas intervenções foram muito positivos para o Brasil. Em 1851, Oribe era derrubado no Uruguai, refugiando-se temporariamente em Buenos Aires. Em 1852, na impressionante Batalha de Caseros, em que se confrontaram 50 mil homens, Rosas caiu derrotado pelo conjunto de forças nacionais e estrangeiras. Finalmente foi assinada uma série de tratados com a república uruguaia, de interesse para o Brasil.

Na província de Buenos Aires, Rosas deu atenção especial à questão da fronteira, expandindo-a em direção ao sul, por intermédio de campanhas militares contra os índios, buscando garantir mais segurança para os donos de terra. Conseguiu grande respaldo social, respondendo, de um lado, às demandas dos setores estancieiros, pois legalizou a propriedade da terra e disciplinarizou a força de trabalho; e, de outro, atendeu a certas reivindicações populares, fato que lhe rendeu apoio entusiasmado. Em carta a um correligionário, datada de 1829, afirmava que os indivíduos que nada tinham se indispunham contra "os ricos e superiores". Desse modo, para não causar "maiores males", entendia que era "muito importante conseguir uma influência grande sobre essa classe [os pobres] para contê-la ou para dirigi-la; para isso foi preciso que eu trabalhasse com muita constância, com muitos sacrifícios de comodidades e de dinheiro, fazer-me 'gaúcho' como eles, falar como eles e fazer quanto eles faziam; protegê-los, fazer-me seu 'apoderado', cuidar de seus interesses, enfim, não economizar trabalho nem meios para crescer mais em seu conceito".

Rosas teve plenos poderes, depois de 1835, para governar Buenos Aires e não aceitava contestação a seu governo. A lealdade a ele devia ser pública com o uso obrigatório de variados emblemas com a cor vermelha, a cor dos federalistas; aos inimigos, a mazorca, a degola, a prisão, o exílio. Seus adversários o representavam como a encarnação do absolutismo, arbitrariedade e barbárie.

Para escapar da repressão por parte do regime rosista, seus opositores foram empurrados ao exílio. Fugindo de uma possível prisão ou mesmo da morte, instalaram-se, em geral, no Uruguai ou no Chile, onde se organizaram e mantiveram, por intermédio de seus escritos, forte resistência política contra o governador. Esse grupo de intelectuais e políticos ficou conhecido como a *Geração de 37*, a primeira de uma série de futuras gerações de exilados políticos latino-americanos.

Desse grupo fazia parte Estebán Echeverría, que nasceu em Buenos Aires, em 1805, e morreu no exílio em Montevidéu, no ano de 1851. Ainda que mais conhecido como literato, desenvolveu intensa atividade política contra o governador da província de Buenos Aires. O jovem Echeverría, depois de viver na França, entre 1826 e 1830, e conhecer os debates políticos e ideológicos que lá se travavam, voltou à Argentina, alinhando-se com aqueles que se opunham ao rosismo. Foi um dos fundadores, em 8 de julho de 1838, de uma associação secreta, denominada *Jovem Argentina*, inspirada nas congêneres europeias, *Jovem Itália, Jovem Europa*, idealizadas pelo republicano italiano Giuseppe Mazzini. Propunha a formação de um Estado guiado pelos princípios liberais e pelas luzes da razão que moldariam uma Constituição a ser seguida e respeitada, pondo fim, por meio da conciliação, às lutas que dividiam a Argentina. Echeverría era o presidente da Associação e outros dois importantes intelectuais, Juan Bautista Alberdi e Juan María Gutierrez, integravam sua direção.

Em 1839, a Associação Jovem Argentina publicou no jornal *El Iniciador*, de Montevidéu, um manifesto que recebeu uma segunda edição redigido por Echeverría em 1846, no exílio no Uruguai, tomando o título definitivo de *Dogma socialista de la Asociación de Mayo*. Morreu em Montevidéu, em 1851, sem ver, portanto, a derrubada de Rosas do poder, no ano de 1852.

O *Dogma*, composto por vários tópicos, é uma síntese dos princípios políticos defendidos por Echeverría e se inicia com a enumeração das palavras simbólicas do que ele denominava a *Fé da jovem geração argentina*: Associação, Progresso, Fraternidade, Igualdade, Liberdade, Deus, Democracia. Seriam elas que fariam a Argentina "sair do caos" para encontrar "a luz que a guie" e "a crença que a anime".

São suas reflexões sobre o conceito de democracia que nos interessam de forma particular. Democracia, para ele, se confundia com a ideia de soberania popular, isto é, que o poder legal e efetivo residia e emanava do povo. Em se tratando da política e da "coisa pública", todos os indivíduos deviam se guiar pela razão e não pela vontade ou pelos sentimentos. Segundo ele, a razão examinava, pesava, decidia, enquanto a vontade era cega, caprichosa, irracional. Portanto, apenas a parte sensata e racional da comunidade social podia exercer a soberania. A democracia não era, dessa forma, o despotismo das massas nem das maiorias, e sim o regime da razão. Os ignorantes que não podiam distinguir o bem do mal deviam se submeter aos que tinham o domínio das luzes; e os vagabundos e aqueles que não tinham ofício não podiam fazer parte da soberania do povo, porque não possuíam qualquer interesse ligado à sociedade, necessitando, portanto, de tutela. Obviamente, referia-se à tutela das elites. No entanto, as massas ignorantes ainda que privadas do exercício dos direitos de sua soberania ou de sua liberdade política estavam em pleno gozo de sua liberdade individual. Segundo Echeverría, as massas tendiam ao despotismo, estavam guiadas pelos instintos e eram sensíveis ao império da vontade e não ao da razão.

Finalmente, anunciava que quando todos os membros da sociedade estivessem em plena posse das liberdades – a individual, a civil e a política – e as exercessem, então estaria constituída plenamente a democracia. Mas, para se atingir tal estado, era necessário preparar as massas para o desempenho das atividades políticas por meio da educação, que lhes seria ministrada por aqueles detentores das luzes. Assim, fechava-se o círculo dos eleitos para o exercício da democracia e daqueles que ficavam de fora, aguardando o consentimento dos ilustrados. No final do texto, afirmava sem deixar dúvidas: "A soberania só reside na razão coletiva do Povo. O sufrágio universal é absurdo. Não é nossa a fórmula dos ultrademocratas franceses: tudo para o Povo e pelo Povo, mas sim, a seguinte: *tudo para o Povo e pela razão do Povo*."

Sem dúvida, Echeverría se apropriou das referências teóricas dos franceses – em especial Saint Simon, Leroux e Lamennais –, mas seus olhos estavam cravados nos dramas sociais da Argentina daquele período. Rosas, "o bárbaro", "o déspota", contava com apoio popular, repetidamente reiterado em momentos de crise. As "massas" que lhe davam sustentação política eram consequentemente perigosas, deixavam-se levar pelos instintos e pela vontade enganadora. Os civilizados, guiados pelas luzes da razão, capazes de distinguir o bem do mal, constituíam-se no único grupo apto para exercer o poder, após a derrubada do ditador Rosas. Para levar a Argentina ao caminho do progresso, fazia-se necessário encontrar os meios legais que impedissem a participação política dos despreparados. No *Dogma*, Echeverría apresentou uma análise sucinta, refletida e pormenorizada do conceito de democracia, justificando com argumentos filosóficos a exclusão dos setores populares do exercício legal da política e da gestão da nação.

No México, formaram-se dois grupos políticos: os liberais e os conservadores. Diferentemente do que ocorreu no Brasil do século XIX, estes dois partidos chegaram à guerra civil, porque seus projetos para a construção do Estado eram profundamente antagônicos. De maneira geral, podemos afirmar que os conservadores tinham preferência pelo regime monárquico, estavam ligados estreitamente à Igreja Católica e eram defensores dos foros privilegiados da Igreja e do Exército e das demais corporações coloniais. Como em nenhum outro país da América Latina, a luta pelos bens da Igreja dividiu tão fortemente a sociedade e deflagrou uma guerra civil de proporções tão agudas.

Os liberais defendiam a República, queriam um Estado separado da Igreja e exigiam a extinção dos foros especiais eclesiásticos e a nacionalização de seus bens, assim como a desestruturação das formas de organização social próprias da colônia, incluindo as das comunidades indígenas. Não havia, como na Argentina, tão fortes divisões entre as regiões que compunham o país; a consolidação do Estado mexicano só aconteceu na segunda metade do século XIX. Para darmos apenas um exemplo, toda a região do Yucatán entrou e deixou a Federação mexicana por mais de uma vez. Como veremos no próximo capítulo, a longa luta terminou com a vitória dos liberais e a subordinação da Igreja ao Estado laico.

Nesse quadro, é interessante analisar a visão de um liberal sobre a mesma questão debatida na Argentina, a da participação política popular. José María Luis Mora nasceu em Guanajuato, em 1794, e morreu em Paris, em 1850. E, a despeito de ter recebido as ordens sacerdotais, inscreveu-se nos debates políticos do México pós-independência como um dos mais notáveis defensores dos princípios liberais, identificando-se fortemente com o liberalismo constitucional francês, especialmente com o de Benjamin Constant. Mora estudou no antigo e prestigiado Colégio de Santo Ildefonso, fundado pelos jesuítas, e depois tomou as ordens sacerdotais. Exerceu uma atividade política e intelectual intensa: pertenceu à maçonaria, foi designado membro da deputação provincial do México em 1822, e foi uma espécie de conselheiro do governo liberal de Valentin Gómez Farías, em 1833; com a derrubada do governo pelos conservadores, partiu no ano seguinte para a Europa, onde viveu os últimos 16 anos de sua vida. Expôs suas ideias em vários periódicos políticos que criou e dirigiu como, por exemplo, o *Observador da República Mexicana* (de 1827 a 1830). Fez, também, incursões pela história, tendo projetado uma história do México desde a independência, em oito volumes, dos quais se conhecem apenas três.

Ainda que tivesse recebido as ordens sacerdotais e ensinado no Colégio de Santo Ildefonso, distinguiu-se por um anticlericalismo militante que foi se acentuando com o passar dos anos. Declarou que discordava do partido que representava "sua classe" [o clero] e que renunciava a "todos os privilégios civis" dela, pois sua posição política o colocava contra todo tipo de privilégios. O combate que Mora propunha estava sendo travado contra os privilégios coloniais, encastelados fundamentalmente na Igreja e no Exército, entendidos por ele como as forças do retrocesso. O "partido do progresso", que ele defendia, propunha a desamortização dos bens da Igreja, a abolição dos privilégios do clero e do Exército, a difusão da educação pública, a liberdade de opinião, a igualdade para os estrangeiros e o estabelecimento do tribunal do júri. Sua reflexão política alicerçava-se, assim, nos princípios do liberalismo elaborados na Europa, mas era alimentada pelas questões específicas da sociedade mexicana, seus conflitos e lutas sociais.

Alguns dos maiores males da República – caos político, desordem social, lutas intestinas –, segundo ele, tinham sido causados pela "perigosa e funesta palavra igualdade". Os excessos da teoria igualitária da democracia política podiam ser medidos pela "escandalosa profusão com que se prodigaram direitos políticos, fazendo-os extensivos e comuns até as últimas classes da sociedade". Em nome da igualdade, um punhado de homens "sem educação e sem princípios" ocuparam postos públicos, levando a administração do Estado ao desastre.

As "paixões populares" haviam transformado a Câmara dos Deputados em algo semelhante à Convenção francesa, no período revolucionário, pois não era mais um "instrumento ativo" governado pela "razão dos representantes", e sim um "corpo passivo" sujeito à "vontade de um número de facciosos, charlatães e atrevidos". A calma e a deliberação racionais tinham dado lugar à paixão e, mais uma vez, os direitos individuais estavam reduzidos em nome da "vontade geral", numa refutação direta das ideias de Jean-Jacques Rousseau. Em seu *Catecismo político de la Federación Mexicana*, de 1831, escrito em forma de perguntas e respostas, atacava o conceito de soberania popular e vontade geral, propondo a ação de uma "autoridade competente", que fosse capaz de controlar essa "vontade geral".

Para se precaver de todos esses males, Mora prescrevia a limitação da participação política popular e determinava que o Congresso fixasse "as condições para exercer o direito de cidadania em toda a República e que por elas ficassem excluídos de seu exercício todos os que não pudessem inspirar confiança alguma, isto é, os não proprietários". Propriedade, para ele, era a possessão de bens capazes de oferecer ao indivíduo meios de uma subsistência desafogada e independente; dizia não estar se referindo apenas aos donos de terras, mas também a todos que exercessem profissões produtoras de condições para uma vida cômoda. Associando razão e propriedade, elegia essa parte da sociedade para exercer os direitos políticos, pois era "a única a possuir responsabilidades para com o bem comum".

Para prevenir o perigo de uma nova rebelião camponesa (como a da independência), era necessário que o poder político estivesse em mãos daqueles que possuíssem qualidades adequadas para manter a ordem e também sensibilidade suficiente para precaver-se das "revoluções dos homens", prescrevendo as "revoluções do tempo". Para tanto, era mister que a soberania popular e a participação democrática ficassem postergadas para o seu "devido tempo", pela prudência e perspicácia dos governantes. O povo devia aguardar e ter paciência, até que, por meio da educação, fosse preparado para exercer as liberdades políticas. Insistia: "O elemento mais necessário para a prosperidade de um povo é o bom uso e exercício de sua razão, coisa que só se consegue pela educação das massas, sem as quais não pode haver governo popular".

Essa era também a visão de um liberal mais radical como Lorenzo de Zavala. Afirmava, em 1833, que no México não havia e não haveria democracia, pois o "despreparo" da população era enorme. Segundo ele, dos 200 mil votantes do Estado do México, dois terços eram analfabetos, metade não tinha o que vestir, um terço não sabia espanhol e três quintos eram instrumentos do partido que estava no poder. Estava subtendido nessa declaração que os índios não tinham capacidade para desempenhar qualquer atividade política e que o "povo" em geral não sabia fazer a escolha correta no momento de votar. Por isso, advogava a limitação do voto apenas aos proprietários, como meio para "evitar a demagogia e a intriga política". Nenhum desses ideólogos e políticos julgava possível a ideia de que índios, mestiços, brancos pobres ou mulheres fossem capazes de aprender por eles mesmos as regras do jogo democrático e decidir quem melhor os representaria politicamente.

Em suma, durante o século XIX, o descontentamento dos setores subalternos da sociedade emergiu, em diversos países da América Latina, na forma de rebeliões camponesas ou urbanas, que foram duramente reprimidas. Essas demandas populares precisavam de respostas políticas – como as que mostramos – da parte dos grupos dirigentes que tinham como objetivo principal a garantia da ordem social. Em nome da ordem como valor absoluto, fundamentavam a permanência do poder limitado nas mãos das elites por serem elas consideradas o único grupo social com "preparo" político para exercê-lo. Tal proposta de exclusão das classes populares do universo decisório da política foi a vitoriosa não apenas na Argentina e no México, mas também em toda a América Latina. As justificativas engendradas foram repetidas incansavelmente e se mantiveram fortes até o século XX, alijando a maior parte da população dos direitos de cidadania.

Projetos liberais e populações indígenas no século XIX

Benito Juárez foi protagonista da chamada Reforma Liberal, que nos anos 1850 e 1860 procurou dissolver as formas tradicionais de posse corporativa de terras e de bens imóveis, instaurando uma profunda inflexão na estrutura da Igreja Católica e dos *pueblos* indígenas que ganharam corpo através dos séculos de colonização espanhola.

Juárez nasceu em 21 de março de 1806 no remoto *pueblo* de San Pablo Guelatao, na Sierra de Ixtlán, em Oaxaca, poucos anos antes de o movimento independentista de Miguel Hidalgo e José Maria Morelos atemorizar as elites vice-reinais com a explosão de revolta dos índios e mestiços sob o jugo espanhol. Hidalgo e Morelos terminariam condenados à morte e o movimento que encabeçaram, violentamente debelado.

Três anos depois do fuzilamento do padre Morelos, o menino Benito Juárez, de etnia zapoteca, encontraria uma saída individual para sua infância de pobreza e exclusão. Como relatou na sua autobiografia *Apuntes para mis hijos*, no dia 17 de dezembro de 1818, aos 12 anos de idade, deixou a casa de parentes, com quem vivia desde a morte precoce dos pais, seguindo a pé até a cidade de Oaxaca. Lá, com o apoio de uma irmã mais velha que trabalhava como cozinheira, conseguiu sobreviver até ser adotado pelo franciscano e encadernador de livros Antonio Salanueva, o qual lhe abriu "o caminho da educação", título do segundo capítulo da sua autobiografia.

Matriculado inicialmente no Colégio Seminário da cidade, preferiu transferir-se para uma instituição laica quando, em 1821, foi aberto em Oaxaca o Instituto de Ciências e Artes. Formou-se advogado, fez-se juiz e governador do estado de Oaxaca entre 1847 e 1852. Em 1853, Benito Juárez teve de exilar-se no sul dos Estados Unidos por sua oposição à ditadura conservadora de Antonio López de Santa Anna. Nessa conjuntura, participou da elaboração do Plano de Ayutla, movimento liberal que provocaria a renúncia do todo-poderoso general Santa Anna.

A trajetória de Benito Juárez simboliza algumas das dinâmicas fundamentais do século XIX no México e, em alguma medida, na América Latina. No período pós-independência, ganhou corpo uma corrente política que defendia a realização de mudanças profundas na estrutura social herdada da colônia, com vista à sua modernização. O professor de Teologia José María Luis Mora tornou-se um dos principais mentores teóricos da chamada corrente liberal, ao mesmo tempo que Valentín Gómez Farías, vice-presidente e depois presidente do país durante os anos 1830, introduzia as primeiras reformas que alvejavam um pilar da velha ordem vice-reinal – a Igreja Católica.

A obrigatoriedade do pagamento do dízimo e o extraordinário patrimônio imobiliário rural e urbano que a Igreja detinha em caráter de bens amortizados (ou seja, não comercializáveis) foram alguns dos alvos dos ataques retóricos e políticos perpetrados por Mora e Gómez Farías. O México moderno não poderia florescer sob o peso do poder e das prerrogativas políticas e econômicas gozados pela Igreja.

Paralelamente, Mora e os partidários do liberalismo voltaram sua atenção a outro aspecto que consideravam fazer perpetuar a velha ordem – as populações indígenas, assentadas sobre a estrutura corporativa das terras comunitárias. Originário do mundo rural e indígena, Benito Juárez atuou nos anos 1830 como advogado de *pueblos* envolvidos em conflitos por terra, tributos e dízimos que oneravam sua existência. Em 1834, por exemplo, representou os índios loxica, no estado de Oaxaca, em uma querela contra um padre que lhes exigia o pagamento do dízimo. O advogado chegou a ser preso em meio à contenda a mando das autoridades locais.

Como manifestou em diferentes discursos, Juárez considerava as pesadas contribuições cobradas dos índios um dos fatores responsáveis por seu embrutecimento, degradação e ignorância. Comungando da perspectiva de outros liberais, postulava a emancipação do indígena através da escola primária e da abolição das comunidades.

Na Oaxaca do século XIX, esse não era um problema pontual. Em meados do século, cerca de 88% dos 542.938 habitantes do estado eram indígenas. As terras comunais ocupavam boa parte do território no estado, em posse de 939 *pueblos*, contra 78 *haciendas* em 1844.

GUERRA ENTRE O MÉXICO E OS ESTADOS UNIDOS

A história da guerra entre o México e os Estados Unidos está relacionada com a ocupação do Texas, que era território espanhol desde o período colonial. Depois que os Estados Unidos compraram a Louisiana da França, em 1803, a Coroa espanhola decidiu autorizar o estabelecimento na região de grupos originários do Canadá francês, da Irlanda católica, e mesmo protestantes anglo-americanos, prussianos ou holandeses, em razão da necessidade de ocupar a nova linha de fronteira do Império Espanhol, que incluía a pouco povoada região do Texas.

Após a derrota de Napoleão Bonaparte, o tratado Adam-Onís, de 1819, regularizou o problemas das fronteiras do Império Espanhol na América do Norte. A Espanha voltou a adotar políticas que favoreciam a ocupação da região. Foi nesse contexto que o norte-americano Moses Austin (1761-1821), que fora súdito da Coroa espanhola até que o Missouri se incorporasse aos Estados Unidos, solicitou ao monarca autorização para colonizar o Texas com 300 famílias. Austin obteve apoio das lideranças locais, amedrontadas com os permanentes ataques realizados por indígenas, e por fim a autorização real, expedida em princípios de 1821, a qual impunha, entre outras, a condição de que os colonos jurassem obediência ao império e ao catolicismo.

Moses Austin faleceu no mesmo ano, mas seu filho Stephen (1793-1836) levou adiante o projeto. Após a independência do México, novos juramentos de lealdade lhe foram exigidos, inclusive o de respeito à lei que proibia o tráfico de escravos no Texas. Seguiram-se a queda do Império de Iturbide e a instauração da República no México, que reiterou as prerrogativas de Stephen Austin no Texas.

O governo federal regulamentou as formas de concessão de terras na região, em termos que se revelaram muito atraentes para colonizadores norte-americanos, estes em pleno movimento de busca de oportunidades nos territórios a oeste que se abriam ao "Destino Manifesto". À medida que a comunidade de colonos crescia, Austin galgou posições de liderança política e militar. A organização dos colonos não tardou a redundar em conflitos com residentes mexicanos das zonas de fronteira. Nos anos 1830, alertado sobre as tensões, o governo federal incumbiu o general Mier y Terán de restabelecer o controle sobre a fronteira.

A partir de então, tiveram lugar duras negociações entre México e Estados Unidos em torno das prerrogativas e proibições concernentes aos colonos norte-americanos no Texas. O tema da escravidão, praticada pelos colonos apesar das restrições legais, foi um dos objetos da discórdia. A separação do Texas do estado de Coahuila, ao qual havia sido subordinado desde que promulgada a Constituição de 1824, tornou-se uma bandeira cada vez mais presente entre os colonos liderados por Austin. E o anseio da separação transformou-se em sublevação independentista.

Em princípios de 1836, tropas mexicanas lideradas pelo general Santa Anna entraram no Texas. Entrementes, uma missão de colonos partiu para os Estados Unidos em busca de apoio. Em março do mesmo ano, proclamou-se a emancipação do Texas. A Declaração de Independência listava, como motivações, a tirania militar, a intolerância religiosa, a falta de escolas e a subordinação a Coahuila. Os rebeldes acenavam com a perspectiva de anexação aos Estados Unidos.

Feito prisioneiro, o general Santa Anna ordenou o recuo das tropas federais e assinou o tratado que reconhecia a independência, tratado este que o Senado recusou-se a ratificar. Os anos que se seguiram foram de graves tensões nas relações diplomáticas envolvendo todos aqueles com pretensões territoriais na região, desde México e Estados Unidos até França e Inglaterra.

> Em abril de 1846, aproveitando-se de um incidente militar na fronteira, os Estados Unidos enviaram uma declaração de guerra ao Congresso mexicano. As forças federalistas no México tomaram a frente da reação e convocaram o general Santa Anna para conduzi-la. A guerra estendeu-se até meados de 1847, quando foi assinado um armistício. Nas negociações de paz, o México perdeu, além de definitivamente o Texas, o Novo México e a Alta Califórnia. Conseguiu salvar a Baixa Califórnia, que ficou incorporada ao estado de Sonora. Ao todo, perdeu metade do seu território, uma área de 2.400.000 quilômetros quadrados. Muitos expansionistas alinhados com o presidente democrata James K. Polk, eleito em 1844 com a promessa de anexar o Texas, manifestaram sua censura a Nicholas P. Trist, representante diplomático dos Estados Unidos nas conferências de paz encerradas. Os expansionistas consideraram o Tratado de Guadalupe Hidalgo, assinado em fevereiro de 1848, condescendente com o México. Ainda assim, Trist manifestou sua vergonha pela humilhação que as perdas territoriais impingiam aos derrotados. A postura que assumiu provocou sua demissão logo que encerrada a missão e depois da recusa do governo de Polk em cobrir as despesas de Trist no Texas.

Com o êxito da Revolução de Ayutla, em 1854, os liberais não tardaram a implementar as diretrizes do seu projeto de nação. Em 1855, a chamada Lei Juárez cancelou os privilégios jurídicos dos eclesiásticos. Em 1856, foi promulgada a Lei Lerdo, de autoria de Miguel Lerdo de Tejada, ministro do Desenvolvimento do presidente liberal Ignacio Comonfort. Determinava a "desamortização" dos chamados "bens de mão morta", ou seja, o fim da restrição para que terras e imóveis, pertencentes a corporações, fossem transferidos a mãos privadas e comercializados como mercadoria. No caso da Igreja, estabelecia-se um prazo para que os imóveis rurais e urbanos pertencentes à corporação fossem comprados por seus inquilinos; passado o prazo legal, esses bens imobiliários poderiam ser adquiridos por outros interessados. No que diz respeito aos *pueblos*, a lei previa a divisão das terras comuns entre os habitantes da comunidade e a conversão dos novos lotes em propriedade privada. Buscava-se, assim, integrar os indígenas ao mercado, como pequenos proprietários produtores e consumidores de mercadorias, e à nação, como cidadãos individualizados.

A Lei Lerdo fez estremecer as imponentes estruturas da Igreja no México. A instituição cerrou suas fileiras contra o governo, aproximando-se de seus tradicionais aliados do Partido Conservador, defensores de um Estado Mexicano fiel ao legado colonial. Os liberais responderam com a radicalização de seu plano. Em 1859, decretaram a nacionalização dos bens eclesiásticos. Igrejas, monastérios e outras riquezas patrimoniais foram confiscados pelo Estado, acirrando os confrontos armados e o recurso à violência.

A guerra civil obrigou Juárez, alçado à presidência da República em 1858, a abandonar a Cidade do México e a organizar um governo itinerante de resistência, que vagou de Veracruz a outros pontos ao norte do país. A luta recrudesceu com a chegada, em 1864, de Maximiliano de Habsburgo, enviado ao país, sob a proteção de Napoleão III, como imperador do México. Um ano antes, Napoleão III ordenara a invasão do México pela França, em consórcio com Espanha e Inglaterra, a fim de cobrar dívidas não saldadas pelo governo juarista.

Os interesses da França em estender seu movimento de expansão imperial à América Latina articularam-se com a pressão de conservadores mexicanos enfronhados na Corte de Napoleão. O arquiduque Maximiliano de Habsburgo, irmão do imperador austro-húngaro Francisco José I, o primogênito na linhagem dinástica, congratulou-se com a oportunidade de coroação como monarca de outro Império.

Mas o imperador importado pelo México frustrou as expectativas dos diplomatas do Partido Conservador. Maximiliano buscou implementar reformas que protegessem os súditos indígenas da ganância dos antigos senhores e escolheu permanecer no México mesmo após a retirada das tropas francesas, que lhe davam suporte. Terminou refém dos liberais, os quais jamais reconheceram a soberania do Império. Foi fuzilado por ordem de Benito Juárez, nos arredores da cidade de Santiago de Querétaro, em junho de 1867.

A derrota de Maximiliano significou a vitória das forças liberais. Benito Juárez restabeleceu-se na Cidade do México e o país ingressou em uma nova era de reformas modernizadoras. Porfirio Díaz, herói das campanhas de resistência contra os franceses, tornou-se presidente do país em 1876, após um bem-sucedido levante militar contra o presidente sucessor de Juárez, Sebastián Lerdo de Tejada. Ocupou o posto, com uma interrupção formal entre 1880 e 1884, até princípios de 1910, quando eclodiu a Revolução Mexicana.

Ciente das forças vulcânicas que os séculos de colonização espanhola haviam legado ao México independente, procurou selar a paz com a Igreja. Manteve as leis liberais que restringiam suas possibilidades de enriquecimento e proselitismo, mas permitiu, na prática, que a Igreja recobrasse vigor. Por essa razão, ao fim do Porfiriato, o confronto entre forças católicas e anticlericais provocaria um segundo ato do que acontecera no México nas décadas de 1850 e 1860.

Nos primeiros tempos de seu governo, Porfírio Díaz também ofereceu uma trégua às comunidades. Embora a Reforma Liberal não tenha levado a um desaparecimento imediato dos *pueblos*, a ausência da proteção legal às terras comunitárias e a pressão pelo parcelamento dos lotes fragilizaram as populações camponesas. Ou seja, muitas comunidades perderam terras para cultivo e criação de rebanhos, seja pelo avanço de forasteiros ou de fazendas vizinhas sobre suas parcelas, seja por moradores que aceitaram vender a parte que lhes coube.

Mas o ritmo de desarticulação das comunidades variou drasticamente conforme a região. Entre outros fatores, a relativa ambiguidade da lei pesou em favor de sua continuidade. Em qualquer *pueblo* típico, os terrenos se dividiam em cinco partes: o fundo legal, espaço que compreendia o centro e a área habitada do povoado; o "ejido", com suas terras de pastoreio, recreação e diversos usos públicos; as áreas para repartir, que constavam de parcelas individuais, possuídas em usufruto por membros do *pueblo*; os chamados próprios, terras trabalhadas em forma comunal para contribuir com os gastos da comunidade, e que muitas vezes eram arrendadas; e, finalmente, os montes e águas. O artigo oitavo da Lei Lerdo protegeu o fundo legal e o "ejido". Em todos os outros quesitos, a teoria e a prática foram claras e irreversíveis, visando acabar com o "vício comunal".

Além disso, a implementação da lei revelou-se tão complexa e deu margem a tantos abusos, que Benito Juárez chegou a congelá-la no estado de Oaxaca quando foi governador, entre 1856 e 1857. À ação de Benito Juárez somaram-se outras que indicavam uma falta de consenso entre os grupos dirigentes sobre como proceder. As disparidades se intensificaram durante a invasão francesa e a instauração do Império no México. Se Maximiliano de

Habsburgo ratificou as leis de desamortização dos bens de corporações civis, por outro lado ditou outras que restabeleceram o direito dos *pueblos*, como atores coletivos, a administrar e possuir terras. As comunidades souberam aproveitar as dissensões para aumentar seu poder de barganha.

Em muitas regiões, os *pueblos* foram capazes de incorporar, gradualmente, as novas ferramentas jurídicas introduzidas pela Reforma, pagando advogados e movendo processos para defender suas terras. Nesse sentido, por diferentes vias, empenharam-se em reagir aos efeitos da nova legislação e proteger suas terras e interesses. Como ocorria desde a época colonial, valeram-se de intermediários letrados para mover processos judiciais, produzir petições e trocar correspondências com autoridades.

Foi também por essa via que Porfirio Díaz aproximou-se de muitos *pueblos* a partir dos anos 1870, oferecendo-lhes algum nível de proteção em troca de lealdade política. No povoado natal de Emiliano Zapata, Anenecuilco, no estado de Morelos, havia um clube porfirista que se dirigia por carta ao general solicitando que interviesse em sua defesa contra a fazenda vizinha El Hospital. A fazenda era acusada de espoliar terras reservadas a Anenecuilco. Porfirio Díaz parecia inclinar-se à proteção dos bens e direitos ancestrais das comunidades e foi reconhecido como um possível mediador dos conflitos agrários.

Todavia, à medida que se acelerava o processo de modernização econômica no México de fins do século XIX e princípios do século XX, graças à expansão da ferrovia, da estrutura portuária e da produção voltada ao mercado externo, o governo foi cada vez mais deixando o caminho aberto para o privilégio dos mais fortes. Às vésperas da Revolução Mexicana, somente 5% da superfície agriculturável do país estava em posse de comunidades indígenas.

Também na Argentina, por outros caminhos, os processos de formação do Estado nacional e de modernização colocaram em xeque as formas sociais próprias das populações indígenas. Nesse país, as relações conflituosas tiveram um desenlace dramático a partir dos anos 1870, quando os liberais, na primeira metade do século XIX, conhecidos como unitários, tendo vencido seus opositores federalistas no plano interno, e o inimigo Paraguai no plano externo, puderam dedicar-se a resolver o problema indígena da forma como convinha. Ou seja, liberando o território ocupado pelas grandes Confederações por meio da guerra e do extermínio.

Nas décadas posteriores à independência, ondas imigratórias de índios araucanos, vindos do Chile, adensaram as populações indígenas estabelecidas na Argentina e contribuíram para transformar suas formas de vida.

A chegada dos araucanos iniciou um processo de mestiçagem com os Tehuelche, Pampa e Mapuche, e a desaparição do gado selvagem, criado livremente, levou os indígenas a utilizar cada vez mais os cavalos para atacar os núcleos *criollos*, saquear o gado e sequestrar especialmente as mulheres. A ação militar favorecia a centralização política, a hierarquização e o surgimento de prestigiados caciques, como Paghitruz Guor, na Confederação de Leuvucó, na região de Córdoba, e Juan Calfucurá, na Confederação de Salinas Grandes, nos pampas ao sul Buenos Aires.

Em 1833, o jovem Calfucurá deixou a Araucânia, no atual Chile, para empreender a travessia da Cordilheira dos Andes rumo ao centro econômico dos pampas, a região das Salinas Grandes, encruzilhada de importantes rotas de comércio, onde se podiam trocar mercadorias.

Ao chegar lá, encontrou um cenário desolador. As tropas de Juan Manuel de Rosas acabavam de partir da região, depois de enfrentarem o cacique que a controlava. Calfucurá aproveitou a fragilidade da antiga liderança política para afirmar seu poder sobre Salinas Grandes.

A região era vital para a economia de Buenos Aires, que necessitava do sal que de lá se extraía para a produção de charque e de couro. Juan Calfucurá soube beneficiar-se do comércio com os portenhos para engrandecer seu prestígio e sua riqueza, base da Confederação que se formou, sob seu comando. Mantinha com caciques menores uma relação de aliança militar e política, mobilizada nas ações de invasão a fazendas de gado, de defesa dos territórios indígenas e de transações comerciais.

O poderio de Calfucurá sofreu um primeiro revés em princípios de 1852, ano da queda do governador de Buenos Aires e principal autoridade política das Províncias Unidas do Rio da Prata, Juan Manuel de Rosas. Na nova configuração política, Buenos Aires assumiu uma postura mais beligerante em relação à Confederação de Salinas Grandes, embora continuasse obrigada a negociar com os índios para obter sal.

Juan Calfucurá aproximou-se da Confederação Argentina presidida por Justo José Urquiza, com sede na cidade de Paraná, na província de Entre

Rios. Até 1861, ano da derrota de Urquiza pelas forças portenhas, a Confederação controlou todas as províncias do país, com exceção de Buenos Aires.

Embora a aliança com Urquiza parecesse mais estratégica, Calfucurá, assim como outros grandes caciques do período, soube blefar e negociar com ambos os lados *criollos* em disputa, utilizando para isso informações estratégicas acerca das outras confederações indígenas. Ou seja, passava aos *criollos* informações, verdadeiras ou não, sobre ataques que estariam sendo preparados por outras confederações. Dessa forma, dava mostras de sua lealdade para selar a confiança, fosse de Urquiza ou dos portenhos.

Em meio às permanentes negociações, os índios comercializavam com os *criollos* e tratavam de incorporar à sua cultura os "benefícios da civilização" – enviando os filhos dos caciques à escola, demandando a aprendizagem de táticas de guerra e de técnicas de trabalho. Os termos da cooperação eram registrados em tratados de paz, formalmente assinados por cada uma das partes envolvidas, ao mesmo tempo que as trocas culturais e de produtos aconteciam de forma espontânea nas chamadas "zonas de contato".

Manuel Namuncurá, principal herdeiro do cacicado de Juan Calfucurá, com sua família, em 1884. O cacique está sentado em trajes militares, ao lado de duas de suas mulheres e da irmã.

A assinatura de tratados era precedida por uma farta troca de correspondências. As cartas enviadas por Juan Calfucurá às autoridades *criollas* valiam-se de cuidadosos recursos retóricos. As estratégias epistolárias envolviam o cuidado de apresentar-se como um interlocutor à altura, reconhecendo a autoridade e as formalidades dos regimes *criollos* para afirmar também a sua. O mesmo cuidado valia para afirmar-se como interlocutor legítimo frente aos caciques menores dos quais se colocavam como representantes e frente aos militares *criollos*.

De forma semelhante, quando em 1870 o então comandante da fronteira sul, Lucio Mansilla, foi incumbido da missão de estender a fronteira da Argentina *criolla* do chamado Rio Cuarto ao chamado Rio Quinto, localizado mais ao sul, visitou a Confederação de Leuvucó, dos índios ranqueles, com o objetivo de propor um tratado de paz. A viagem foi a origem do clássico livro escrito por Mansilla, *Una excursión a los indios ranqueles*. Ao mesmo tempo que deseja registrar a vida dos ranqueles, Mansilla narra as estratégias que ele e os índios utilizaram nas negociações que estavam realizando.

Em determinado momento, o cacique Paghitruz Guor, catequizado e alfabetizado na fazenda de Juan Manuel Rosas, também conhecido por seu nome cristão Mariano Rosas, surpreende Mansilla ao lhe mostrar um recorte do jornal *La Tribuna* de Buenos Aires anunciando os planos do governo de fazer passar a grande linha do trem interoceânica em terras ranqueles. Guardado na caixa de pinho entre vários outros documentos – cartas, notas oficiais, outros periódicos –, o texto contrariava as palavras do comandante, de que o governo compraria as terras, mas que elas continuariam em mãos dos índios. Mansilla afirmou ter, naquele momento, se sentido muito confuso e que poderia ter previsto tudo, menos o argumento que acabava de lhe ser apresentado. Lideranças unitárias e federalistas se empenharam em assinar tratados de paz com os caciques das confederações indígenas. A unitários e federalistas interessava assinar tratados para buscar conter os *malones*. Para uns e outros, entretanto, a política de paz coexistiu com a criação de estratégias militares para intimidar os indígenas.

Com o fim da Confederação Argentina em 1861, com a vitória de Bartolomeu Mitre sobre a Confederação de Urquiza e a afirmação da hegemonia política de Buenos Aires sobre o país, diminuíram também as possibilidades de se manejar as alianças duvidosas e provisórias que fortaleciam os caciques. Uma década mais tarde, terminada a Guerra do Paraguai, os dirigentes portenhos usariam a experiência militar adquirida e o suporte da economia agroexportadora para liquidar o "problema indígena" nas chamadas Campanhas do Deserto.

GUERRA COM O PARAGUAI

A guerra entre a Tríplice Aliança – Brasil, Argentina e Uruguai – e o Paraguai se iniciou em 1864 e se estendeu até 1870.

No Brasil, durante muito tempo, a historiografia afirmou que Francisco Solano López, chefe de Estado do Paraguai, fora o responsável direto pela origem da guerra, tendo em vista sua ambição excessiva. Considerado um déspota, ele precisava ser derrotado. A partir da década de 1960, surgiu outra interpretação que culpava o imperialismo britânico por fomentar a guerra a fim de destruir a suposta autonomia econômica do Paraguai. Nesse sentido, tanto o Brasil quanto a Argentina teriam sido meros fantoches a serviço do capitalismo britânico, que se constituiria no único vencedor do conflito.

Acompanhamos a perspectiva do historiador Francisco Fernando Doratioto, que entende a guerra como parte do processo de consolidação dos Estados nacionais da região. A livre navegação dos rios Paraná e Paraguai era fundamental para o Império Brasileiro, única entrada para a Província de Mato Grosso. A Argentina, desde a independência, tinha a aspiração de formar uma grande nação com a incorporação do Uruguai (independente do Brasil em 1828) e do Paraguai, cuja independência só foi reconhecida por este país em 1852. Trata-se, portanto, de uma relevante questão geopolítica.

Por razões políticas conjunturais entre os partidos *Blancos* e *Colorados* no Uruguai e os eventuais apoios externos a esses conflitos, a guerra começou e durou muito mais tempo do que qualquer dos envolvidos imaginava. O país que enviou mais tropas ao campo de batalha foi o Brasil, que contou, entre elas, com um enorme contingente de escravos negros. A presença argentina foi menos expressiva, especialmente nos últimos anos, e a participação uruguaia foi pequena. As batalhas terrestres e navais foram sangrentas e seus comandantes foram mudados algumas vezes. A guerra só terminou com a captura e morte de Solano López em 1870.

Houve sempre muita controvérsia em relação ao número de mortos na guerra, em especial os relativos aos paraguaios. Não temos estatísticas seguras que confirmem as hipóteses levantadas. No caso brasileiro, o mencionado historiador Doratioto concorda com o visconde de Ouro Preto, para quem foram 50 mil os mortos em combate ou em virtude de doenças. O número de mortos no Paraguai é muito incerto e de difícil cálculo. Assim, entre militares e civis, estima-se que tenham desaparecido entre 50 mil e 200 mil paraguaios.

As consequências da guerra foram devastadoras para o Paraguai, que perdeu um número elevado de homens, teve sua economia destruída e passou a sofrer a ingerência do Brasil e da Argentina em suas questões internas.

> Na Argentina, fortaleceu-se o Estado nacional e as últimas rebeliões de caudilhos foram derrotadas. A guerra com o Paraguai foi também importante porque forneceu a essa geração de militares o conhecimento prático de novas técnicas e estratégias posteriormente utilizadas na guerra de extermínio contra os indígenas.
>
> A guerra com o Paraguai, no Brasil, fortaleceu o Exército, anunciou o fim da escravidão e gerou muito descontentamento interno, contribuindo para a derrubada da Monarquia e a proclamação da República liderada pelo marechal Deodoro da Fonseca, militar que lutara no Paraguai.

Diante de um Exército agora mais experiente e mais bem armado, Calfucurá convocou as outras etnias dos pampas argentinos e da Araucânia para formarem uma grande aliança e realizar novos *malones*. Os índios dependiam do gado saqueado para mover sua economia, e por isso precisavam encontrar formas de manter a atividade na nova conjuntura. Em 1870, Calfucurá liderou um vultuoso e bem-sucedido ataque à vila e às fazendas da região de Bahía Blanca.

Dois anos mais tarde, desejando repetir a façanha, dois mil guerreiros indígenas conduziram-se à região de San Carlos. Ao fim de três dias, deixando em seu rastro fazendas arrasadas, tomaram o caminho de volta, levando a impressionante quantidade de 70 mil vacas, 16 mil cavalos e um número incontável de ovelhas. Todavia, foram surpreendidos pela ofensiva do Exército.

A rapidez da informação via telégrafo foi vital para a organização deste contra-ataque, e a força e agilidade dos novos rifles foi fundamental para selar a vitória *criolla*. Derrotados, os indígenas se retiraram desorganizadamente rumo a Salinas Grandes.

Em fins de maio, contudo, Calfucurá contraiu uma pneumonia. Faleceu aos 83 anos, no dia 3 de junho de 1873. Ao seu enterro foram mais de 2 mil indígenas, caciques e representantes das mais diferentes confederações e etnias. Em 1879, sua tumba e seus arquivos pessoais foram encontrados pelas tropas expedicionárias das Campanhas do Deserto. Estanislao Zeballos levou o crânio de Calfucurá ao Museu de La Plata.

Em 1875, Adolfo Alsina, então ministro da Guerra e da Marinha, concebeu o projeto de abertura de um fosso de mais de 400 km de extensão

– a chamada *zanja*, para usar o termo em espanhol – com vista a proteger a capital do país dos *malones* indígenas. Uma vez pronta, a *zanja* aberta por Alsina teve êxito. Para que fossem capazes de transpô-la a cavalo, os indígenas adotaram a tática de criar passagens preenchendo a vala com centenas de ovelhas mortas, tocando fogo em terreno próximo para que pudessem localizar a "ponte" quando retornassem do ataque. A fumaça, entretanto, servia de alerta aos militares *criollos*, que saíam à caça. Ao longo de 1876 e 1877, diversas *tolderias* – os acampamentos indígenas – foram atacadas pelo exército. Na madrugada de 14 de novembro de 1877, foi a vez da *tolderia* de Juan José Catriel cair. O cacique e seu irmão Marcelino conseguiram fugir mas, um ano depois, acabaram presos na ilha de Martín Garcia.

Os sucessos de Adolfo Alsina, completados por seu sucessor no ministério e futuro presidente da República, Julio A. Roca, liberaram parcelas de território cobiçado pelas oligarquias agrárias das províncias de Buenos Aires e Santa Fé, reunidas sob a *Sociedad Rural Argentina*, principal organizadora do repartimento de terras conquistadas, a partir de 1876. Conforme planejado, ao fim das campanhas do deserto, a fronteira *criolla* alcançara o rio Negro.

Como escreveu, em 1876, Alfred Ébelot, um engenheiro francês que viveu em Buenos Aires nesses anos, como correspondente da prestigiada revista parisiense *Revue des deux mondes*: "[...] em poucas etapas, nós chegaremos ao rio Negro. Trata-se de uma barreira natural que os índios do sul, que não sabem nadar ou navegar, dificilmente conseguirão transpor. [...] A questão indígena ficará então resolvida por muito tempo. Queira o céu que uma política bem pensada e prática complete a obra ao favorecer a valorização de milhares de metros quadrados assim conquistados à civilização."

As "campanhas do deserto" asseguraram, pela via do extermínio e do confinamento dos grupos indígenas, a vitória do Estado e da dita "civilização" sobre essa indesejada parcela da população nacional. A escrita de cartas, a leitura de jornais, os tratados de paz serviram à ação política enquanto houve espaço para negociar. Ao final, triunfaram as armas.

Educação e cidadania nos mundos rural e urbano

Em 1905, a "Biblioteca de La Nación", a primeira coleção de livros editada na Argentina para o grande público, lançou o romance *Stella*, escrito, sob pseudônimo masculino, por Emma de la Barra. A obra se revelou um retumbante sucesso editorial.

Stella contava a história de duas irmãs criadas na Noruega e recém-estabelecidas na terra natal de sua mãe, Buenos Aires. Encontraram a cidade mergulhada em um turbilhão de transformações que a chegada dos liberais ao poder, na década de 1860, havia ajudado a desencadear.

Órfãs desde a morte em um naufrágio de seu pai, o naturalista de origem norueguesa Gustavo Fussler, as duas irmãs instalaram-se em Buenos Aires na casa de seu tio, D. Luís Maura Sagasta. Teve início, então, nessa convivência, uma série de embates entre o olhar "europeu humanista", representado por Alejandra Fussler, a irmã mais velha, e os "vícios" de uma elite portenha que usufruía dos benefícios materiais e simbólicos da modernização sem assumir a responsabilidade de "guiar" as massas e promover a alta cultura. O romance colocava em discussão, assim, o modelo de modernidade que havia prevalecido no país. O modelo precisava ser repensado em face das tensões sociais geradas pela chegada maciça de imigrantes e para explorar caminhos culturais mais férteis do que a frivolidade afrancesada das elites. A trajetória de Alejandra no romance simboliza esse caminho.

Neste capítulo, discutiremos algumas das dinâmicas que marcaram a modernização e a construção da modernidade em alguns países da América Latina, a partir de meados do século XIX.

Modernidade e modernização são dois conceitos que caminham de mãos dadas na História, mas que se referem a processos específicos. A modernidade diz respeito a um ambiente político e cultural associado, entre muitos fatores, à urbanização, ao crescimento das camadas médias e assalariadas, à democratização das relações políticas, à expansão da escolaridade, ao surgimento de espaços de sociabilidade que reorientam a produção cultural (engendrando, em certos contextos, os chamados *modernismos*). Já a modernização compreende, fundamentalmente, as transformações econômicas fomentadas pelo desenvolvimento do capitalismo e de uma economia de mercado.

A modernidade e a modernização foram um horizonte presente em todo processo de formação dos Estados nacionais na América Latina, desde as guerras de independência. Em diferentes países, os grupos liberais alçados ao poder almejaram tornar produtivas as terras agricultuáveis, fomentar a vinda de imigrantes europeus, fazer das cidades mais importantes a expressão dos modos civilizados, educar as massas para o trabalho e para a cidadania.

Muitas cidades passaram por transformações importantes nas últimas décadas do século XIX. Foi o caso de Montevidéu, que em fins do século XVIII, recém-fundada, contava com 10 mil habitantes – uma cidade pequena, comparada a outras capitais, como Lima, com cerca de 60 mil, e a Cidade do México, com cerca de 100 mil. A partir de 1829, no entanto, simbolizando os novos tempos, destruíram-se as muralhas que protegiam a cidade original dos piratas que rondavam a bacia do Prata. A cidade incorporou, aos poucos, novos bairros, habitantes e edifícios. Em 1856, inaugurou-se o imponente Teatro Solís e, em 1859, o Mercado da Abundância.

Mas Montevidéu cresceu, sobretudo, a partir da intensificação do fluxo imigratório. Entre 1860 e 1889, passou de 57.916 habitantes para 215.061, perfazendo os cidadãos de naturalidade europeia, a essa altura, 43,3% da população.

Dentre os estrangeiros, destacavam-se numericamente os espanhóis e italianos. A partir do censo de 1884, os italianos se sobrepuseram aos espanhóis, mantendo sua proeminência como maior comunidade de imigrantes até o censo de 1908. Embora os primeiros projetos estatais de atração de imigrantes visassem fixá-los no campo, dedicados a atividades agropecuárias, à medida que se assistia ao fortalecimento dos grupos favoráveis ao desenvolvimento das cidades, das manufaturas e das fábricas, muitos dos recém-chegados fixaram-se em Montevidéu.

Em 1904, a chegada ao poder do presidente José Battle y Ordoñez, do Partido Colorado, eleito para um segundo mandato presidencial em 1911, representou a consolidação dessa tendência, de uma Montevidéu que se modernizava a passos largos. Beneficiava-se dos serviços urbanos promovidos especialmente pelo capital britânico, como o sistema de bondes e de fornecimento de energia elétrica. Era favorecida, por outro lado, pelo crescimento dos setores médios, saídos dos bancos das escolas públicas que o Estado se empenhava em assegurar aos cidadãos desde a chamada Lei de Educação Comum, aprovada em 1870.

Para os leitores em formação, o Conselho Nacional de Ensino Primário e Normal desde muito cedo dedicou-se a publicar e a selecionar bons textos de leitura. Se o crítico literário uruguaio Angel Rama afirmou que a cultura letrada na América Latina esteve historicamente vinculada às esferas mais altas do poder, localizou em fins do século XIX um movimento de difusão social da escrita e da leitura, que aos poucos diversificou o perfil dos escritores e dos públicos leitores. Por essa razão, artigos de jornal, livros e ensaios se colocaram, nesse período, como armas importantes na arena dos debates políticos e culturais.

Fotografia de aula em escola pública no Uruguai, em 1906, durante exercício de leitura. A partir de 1870, a educação primária gratuita e laica difundiu-se no país, acompanhada de políticas de seleção e adição de livros escolares.

Como veremos, uma das obras de maior impacto para a definição de uma identidade latino-americana – para além das identidades nacionais – foi publicada em Montevidéu, em 1900. Trata-se de *Ariel*, de autoria de José Enrique Rodó. Entre muitos sentidos atribuídos a *Ariel* por diferentes intérpretes, o livro lançava luz sobre uma importante dimensão dos processos de modernização em curso na América Latina, qual seja, a dimensão da crescente proeminência dos Estados Unidos, de onde irradiavam poder econômico e novos modelos culturais.

O mesmo Conselho Nacional de Ensino Primário e Normal apoiou, anos mais tarde, a publicação da obra *A idade de ouro*, do escritor e pensador cubano José Martí. Um dos artífices do movimento de independência de Cuba perante a Espanha, independência conquistada em 1898, e ao mesmo tempo um dos arautos da ameaça imperialista que os Estados Unidos representavam para Cuba uma vez que se emancipasse, José Martí concebeu a revista infantil *A idade de ouro* para que as crianças (latino) americanas pudessem conhecer sua própria História e, sem nenhum sentimento de inferioridade, voltar seus olhos para o que havia de melhor em outras regiões do mundo. O livro, depois editado no Uruguai, reunia diferentes números da revista.

Assim como no Uruguai, a atividade editorial avançou de braços dados com as transformações modernizadoras em outros países da América espanhola.

Na América Central, a Costa Rica destacou-se nas décadas posteriores à independência como um Estado que deu ênfase às políticas educacionais. Com uma economia baseada em pequenas propriedades que se dedicavam à produção de tabaco, de café e mais tarde de bananas, o país encontrou recursos para favorecer a difusão das letras.

Em 1830, o cafeicultor Miguel Carranza conseguiu importar dos Estados Unidos a primeira imprensa da Costa Rica, instalada na capital, San José. A novidade contrastava com a situação da vizinha Guatemala, onde desde 1660 existia uma tipografia e desde 1676, a importante Universidade de San Carlos.

A despeito do alto preço da tinta, do papel e outros utensílios, os poucos impressores que seguiram os passos de Carranza lograram editar cartilhas escolares, material legislativo, jornais, almanaques, catecismos e alguns livros. Boa parte dos livros, todavia, continuava sendo importada da Espanha e da França, onde havia imprensas mais modernas e uma rede de editoras interessadas no mercado hispano-americano.

Em meados do século XIX, os leitores costa-riquenhos podiam garimpar publicações impressas na Librería de Imprensa El Album, fundada por Carranza e Cauty em San José, ou na biblioteca da antiga Casa de Enseñanza de Santo Tomás. O repertório oferecido nos catálogos de El Album por vezes desafiava o tradicional controle da Igreja sobre a seleção das "boas leituras".

Criada quando a Costa Rica ainda era parte do Vice-reino da Nova Espanha, a Casa de Enseñanza de Santo Tomás havia sido transformada em universidade no ano de 1843. O acervo da biblioteca foi inicialmente formado por carregamentos de livros encomendados a comerciantes prósperos que viajavam à Europa. Edward Wallerstein, homem ligado à exportação de café, remeteu à universidade, em 1844, 86 títulos em 1.430 volumes. O governo pagou o investimento em canhões, mas Wallerstein acabou arcando com a defasagem de valor. Muitas das obras trazidas estavam em francês e privilegiavam os temas jurídicos.

Outro lote de livros foi encomendado, em 1850, ao cafeicultor Vicente Aguilar, que viajou à Europa em companhia do professor de Filosofia guatemalteco Nazario Toledo. Incorporaram-se a partir daí livros de religião e obras de Literatura, Ciência e História, além de Gramáticas, Manuais de Lógica e Dicionários. Receberam-se também doações, como a de uma coleção pessoal especializada em Medicina.

A biblioteca de Santo Tomás era aberta a todo o público, inclusive aos estrangeiros. Os livros não podiam ser retirados e os extravios eram noticiados em jornal. Em 1888, em meio à Reforma Liberal em curso na Costa Rica, a Universidade de Santo Tomás foi fechada. O acervo da biblioteca foi transferido à Biblioteca Nacional que se acabava de fundar.

Escola e livros não foram temas exclusivos das capitais nacionais, embora seja inegável que as grandes cidades favorecessem as ações e circulações nesse domínio.

Nas últimas décadas do século XIX, encerrada a guerra civil que consolidou a vitória dos liberais sobre os conservadores mexicanos, o Estado passou a ocupar um lugar proeminente na educação. Durante o Porfiriato (1876-1911), o governo viria a cercar-se de um seleto grupo de intelectuais positivistas – os chamados *Científicos* –, incumbido de traçar o caminho do progresso nacional e de legitimar as políticas oficiais. Ao pensador Gabino Barreda caberia a organização da educação nacional. Tratava-se de estruturar um ensino homogêneo e centralizado para todo o país. Sua maior realização foi no âmbito da educação secundária, com a criação da Escola Nacional Preparatória, que formaria quadros para as carreiras profissionais e contribuiria para cimentar o único meio de conciliar a liberdade com a concórdia e o progresso com a ordem. A educação primária, porém, continuaria a cargo dos estados, que se confrontavam com o desafio de tornar a escolarização obrigatória a crianças em sua maioria situadas nos meios rurais e indígenas.

Já no ano de 1872, o governador de Morelos, Francisco Leyva, decretou a obrigatoriedade da educação em todo estado. Naquele mesmo ano, os *pueblos* vizinhos de San Miguel de Anenecuilco e de Villa de Ayala organizaram-se para contratar um preceptor que levasse adiante a tarefa antes assumida por moradores locais, da família Zapata.

Don Mónico Ayala, filho de Francisco Ayala, professor que marcara a vida de muitos dos que o escutaram, colocou-se à frente de uma escola bem montada – 3 portas arejavam a sala de aula, onde mais de 20 crianças distribuíam-se em 7 bancos. Para os estudos, os alunos dispunham de uma mesa grande, lousas, compêndios de história do México, um livro de Aritmética para cada criança e os silabários de San Vicente.

De acordo com Alicia Hernández Chávez, os homens de 1911, que eram crianças em 1879, lembravam que o *maestro* guardava nas gavetas da mesa grande um exemplar da cartilha lancasteriana e outro exemplar do orçamento geral do Estado, além das listas de assistência e outras anotações. Seu professor lhes ensinou a história do México, que era do que todos mais gostavam. Junto com a história de seus heróis, lhes falou das novas Constituições por que haviam lutado seus pais, e todos aprenderam Aritmética, Moral e Gramática. Na escola se discutia muitíssimo. Seu preceptor lhes dizia com orgulho que ele ensinava com o sistema lancasteriano, que segundo lhes explicou consistia em que todos participassem ativamente e discutissem as afirmações do professor. A essa escola assistiam 19 meninos e 3 meninas, alguns de Ayala e outros de Anenecuilco, o que era pouco comum pois, em geral, separavam-se os meninos das meninas, ou simplesmente nem se enviavam as meninas.

Don Mónico permaneceu vários anos em seu posto, e entregou a escola a seu sucessor em 1879. Poucos anos depois, Emiliano Zapata, o grande herói camponês da Revolução Mexicana (1910-1917), natural de Anenecuilco, passaria por esses mesmos bancos escolares.

No século XIX, a educação popular colocou-se como uma meta de diferentes correntes políticas. Nem sempre esses anseios canalizaram-se para iniciativas de educação escolar. Na Colômbia oitocentista, por exemplo, as associações que representavam os interesses dos artesãos urbanos, envolvidos com a produção de têxteis, de papel, de vidro e outros bens, atraíram a atenção de jovens ilustrados animados a difundir suas ideias. Conhecidos como *Gólgotas* na Bogotá de fins dos anos 1840 e princípios dos anos 1850, jovens entusiastas das correntes socialistas utópicas em voga na Europa aproximaram-se da Sociedade Democrática de Artesão para proferir palestras e conquistar o apoio desses setores para o Partido Liberal.

Uma vez eleito em 1849 o candidato do Partido Liberal à presidência, José Hilário Lopes, tornaram-se nítidas as discrepâncias entre as políticas de livre mercado e a plataforma política dos artesãos de proteção ao mercado interno. A Sociedade Democrática escolheu apoiar, nas eleições seguintes, uma ala dissidente do governo de Hilário Lopes, sendo mais tarde duramente reprimida por isso. Quanto aos jovens socialistas utópicos, não encontraram nos artesãos um grupo aberto e receptivo à formação que gostariam de proporcionar, com vista a cimentar a cooperação entre as camadas sociais que compunham a nação.

As aspirações modernizadoras encontraram conformações específicas nas diferentes regiões da América espanhola. Em cidades como Lima, traduziram-se na passagem do século XIX ao XX em uma atmosfera de modernidade associada à euforia das elites civilistas. Beneficiados pelo chamado *boom* das exportações de guano e salitre, em meados do século XIX, esses grupos voltaram a se consolidar no poder passadas as turbulências da derrota peruana, ao lado da Bolívia, perante o Chile na Guerra do Pacífico (1879-1884).

ECONOMIA

Até a década de 1860, o desempenho das economias dos países latino-americanos foi bastante fraco. Isso se deveu, em primeiro lugar, à desorganização da produção e do comércio que se seguiu ao final das guerras pela independência política. Não se pode esquecer de que, no período colonial, o comércio era controlado pela metrópole; desse modo, os jovens Estados precisavam encontrar diferentes rotas comerciais e buscar novos mercados de consumo.

Desde as primeiras décadas do século XIX, a Grã-Bretanha já ocupava lugar preeminente no comércio internacional, pois fora a protagonista da Revolução Industrial, que provocara grandes mudanças nas relações econômicas mundiais. Esse país estava interessado em vender seus produtos manufaturados para os mercados latino-americanos, mantendo controle sobre eles. Era notável a diferença entre o poder econômico britânico e a fragilidade financeira das recentes nações latino-americanas.

Na segunda metade do século XIX, a Grã-Bretanha ocupou lugar preponderante no mundo dos negócios latino-americanos. Investiu de forma crescente na América Latina, como já o fazia em relação aos Estados Unidos e o Canadá. Muitos desses investimentos tomavam a forma de empréstimos aos governos; mas também foram os capitais britânicos os dominantes na construção de estradas de ferro, na modernização dos portos e na implantação de serviços como eletricidade, gás e telégrafo. A preeminência britânica na América Latina na segunda metade do século XIX foi abrangente e sólida, ainda que disputasse espaço com capitais franceses, alemães e norte-americanos (estes especialmente no México e Cuba).

Litografia de Casimiro Castro, 1875. Inauguração da estrada de ferro pelo presidente Benito Juárez, na estação de Puebla, México.

Nesse período, o desenvolvimento tecnológico provocou outra revolução nos meios de transporte, barateando e facilitando as longas viagens. A introdução do vapor nos transportes ferroviários e marítimos criou condições para o crescimento do comércio a longa distância; a utilização de refrigeração nos barcos, em 1874, possibilitou as trocas de produtos perecíveis, sendo a carne o mais importante deles.

Assim, a partir da segunda metade do século XIX, a América Latina foi encontrando um lugar subalterno de inserção nas correntes do mercado internacional, especializando-se em produtos primários de exportação, já que não possuía capital acumulado suficiente para desenvolver a indústria.

De acordo com as condições naturais e climáticas, as escolhas foram sendo feitas, cada país dedicando-se quase exclusivamente a um produto agrário. Em clima tropical, produziu-se café, cana-de-açúcar e frutas (como bananas). Em clima temperado, cereais como o trigo e o milho. A tradicional criação de gado e de ovelhas teve um notável crescimento.

As inovações técnicas estimularam a extração de "novos" metais que suplantaram as tradicionais explorações de prata e ouro. Por exemplo, o cobre para a indústria elétrica e o estanho para a indústria de conservas. No Peru e Chile, houve a extração do guano (efêmera) e do salitre que serviam como fertilizantes na Europa. Já no final do século foi encontrado petróleo no México e na Venezuela, sendo este último país destinado a se transformar em um de seus grandes produtores mundiais.

Não se pode falar em produção industrial significativa na América Latina do século XIX. Mas é preciso mencionar que houve uma importante produção têxtil na região de Puebla, no México. Tendo sido uma atividade tradicional durante o período colonial, ela sobreviveu à concorrência britânica porque, na década de 1830, Lucas Alamán, ministro do governo mexicano, promoveu medidas de proteção a essa indústria.

Ao final do século, quatro países da América Latina mostravam-se promissores. Em primeiro lugar, a Argentina, cuja crescente produção de trigo e de outros cereais, ao lado da incipiente indústria da carne, anunciava o lugar de destaque que ocuparia nas duas primeiras décadas do século XX, tornando-se a quinta economia do mundo. México e Chile também assistiram a um grande crescimento de suas economias, especializando-se na extração dos "novos" metais; e o Brasil, que se destacava como primeiro produtor mundial de café e de borracha.

Na outra ponta, alguns países continuavam muito pobres, como as nações centro-americanas, o Haiti e o Paraguai, que ainda não se recuperara da guerra.

GUERRA DO PACÍFICO

O Chile e as forças conjuntas de Peru e Bolívia se enfrentaram na Guerra do Pacífico, também chamada de Guerra do Salitre, entre 1879 e 1883. Para entender o conflito, voltemos um pouco atrás no tempo. Na região de Tarapacá, no sul do Peru, desde a década de 1840, o Estado peruano promovia a extração do guano (excrementos acumulados de aves) e posteriormente do salitre, que eram exportados à Europa como fertilizantes muito valorizados. Algum tempo depois, grupos chilenos começaram a realizar a extração do salitre, na região de Antofagasta, estreita faixa de terra no litoral do Pacífico, que então fazia parte do território boliviano.

O estopim da guerra foi a decisão do governo boliviano, necessitado de recursos fiscais para seu orçamento, em 1878, de cobrar um pequeno imposto de dez centavos por quintal de salitre produzido e exportado. As empresas chilenas se recusaram a pagar e conseguiram que o Estado chileno apoiasse suas demandas. Ato contínuo, navios de guerra do Chile dirigiram-se para o porto de Antofagasta, que foi tomado sem problemas de resistência. A guerra à Bolívia estava declarada.

Em 1873, o Peru havia assinado um secreto Tratado de Aliança com a Bolívia para se prevenir de um possível ataque chileno. Essa aproximação entre Bolívia e Peru não era novidade. Além das fortes ligações durante o período colonial, entre 1836 e 1839, havia sido constituída a Confederação Peru-Boliviana, sob inspiração do general boliviano Andrés de Santa Cruz. Nesse período, aconteceu a primeira luta armada entre o Chile e a Confederação, que terminou com a vitória chilena e a dissolução da Confederação.

Tendo em vista o Tratado de 1873, o Peru entrou na guerra ao lado da Bolívia. Houve batalhas no mar e em terra. Em janeiro de 1881, as tropas chilenas tomaram Lima e hastearam sua bandeira no palácio do governo, a antiga casa do conquistador Francisco Pizarro. Lá permaneceram por dois anos e meio. Houve resistência guerrilheira na zona central dos Andes, mas a derrota peruana não pôde ser evitada.

Pelo Tratado de Ancó, de outubro de 1883, o Chile recebeu perpetuamente a província de Tarapacá, e por dez anos as de Tacna e Arica (apenas por um acordo final, em 1929, Tacna foi incorporada ao Peru e Arica ao Chile). A província de Antofagasta também foi anexada ao Chile, fazendo com que a Bolívia perdesse sua única saída para o mar. Até o presente, os governos bolivianos, sem êxito, têm reivindicado ao Chile o retorno dessa região.

O Chile, assim, se transformou no maior produtor mundial de salitre até Primeira Guerra Mundial, quando essa produção entrou em crise em razão da descoberta, pelos alemães, do salitre sintético.

A nova bonança econômica desses grupos assentou-se sobre as concessões feitas ao capital estrangeiro, sobretudo no âmbito da mineração. O tema do imperialismo tornou-se, por essa razão, um problema-chave nas análises ao longo do século XX sobre as profundas assimetrias sociais e regionais na conformação do país.

Para boa parte das elites limenhas, essas assimetrias não ofuscavam o brilho da modernidade urbana, experimentada nos cafés e elegantes bulevares. Entretanto, logo se começaram a sentir os efeitos da concentração fundiária em curso no campo. Populações de origem andina, egressas de *pueblos* indígenas que se desestruturavam com o avanço das grandes fazendas e dos enclaves mineradores, intensificaram sua migração para as cidades. Em Lima, ocuparam as ruas do centro da Ciudad de los Reyes, fundada por Francisco Pizarro logo após a conquista, com barracas de um comércio informal.

A gradual mudança da paisagem urbana estimulou as primeiras reflexões sobre a condição social que o Peru vinha reservando ao índio. Em 1889, a publicação pela escritora peruana Clorinda Matto de Turner de um romance chamado *Aves sin nido* marcou o início de um movimento genericamente conhecido como indigenismo. O romance denunciava a situação de miséria e humilhação em que viviam os habitantes indígenas de um povoado na região dos Andes. Com ousadia, apontava a Igreja e as autoridades políticas como responsáveis pelos abusos que se perpetravam.

O romance teve extraordinária repercussão e Clorinda Matto foi obrigada a deixar o Peru para proteger-se das agressões sofridas. Nos anos que se seguiram, outra voz levantou-se para atribuir responsabilidades pela prostração dos índios. Manuel González Prada, escritor anarquista, colaborador de diversos jornais limenhos, contrapôs-se aos tradicionais argumentos acerca da falta de higiene, da preguiça etc. que mantinham o indígena no atraso, para associar sua exclusão social ao problema do acesso à terra. Lima tornou-se, nesse contexto, o centro de discussões e iniciativas de caráter indigenista que se desenharam em princípios do novo século.

Nas cidades da região do Prata, a despeito das tensões sempre presentes, articularam-se de forma mais clara os processos de urbanização, educação e cidadania. Discutimos isso em relação a Montevidéu e, para concluir, retomaremos o caso de Buenos Aires, cenário do romance *Stella*.

Na passagem do século XIX para o século XX, Buenos Aires conheceu um crescimento demográfico surpreendente, impulsionado, sobretudo, pela chegada de imigrantes europeus. A população quadruplicou-se entre 1869 e 1914: de quase 2 milhões de habitantes, saltou para quase 8 milhões nesse período. Os fluxos imigratórios tinham grande responsabilidade nesse crescimento: em períodos de maior vigor econômico, as entradas superavam 200 mil por ano. Os estrangeiros, que em 1914 compunham 30,3% da população nacional, davam preferência às cidades, as quais concentravam, naquele momento, 53% dos habitantes do país.

Buenos Aires centralizava manifestações de dinâmicas sociais, culturais e econômicas que se introduziam no cenário nacional. A paisagem urbana alterava-se rapidamente, conferindo à capital do país ares mais cosmopolitas e, à vida de seus habitantes, novos ritmos e qualidade. A cidade modernizava-se: iluminava passeios públicos, via surgirem cafés, livrarias, teatros e cinemas, expandia-se na direção de bairros afastados, favorecidos pelas novas facilidades de transporte. Beneficiava-se da exportação de gêneros agrícolas (grãos, em especial) e pecuários, que aumentava em níveis extraordinários, ao mesmo tempo que tinham sucesso iniciativas pioneiras de bens manufaturados.

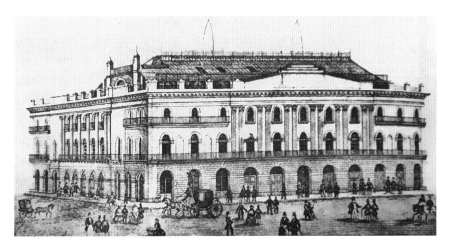

O antigo Teatro Colón, na Praça de Maio, cuja construção remonta a 1857, em desenho de C. E. Pellegrini (s. d.). Em 1908, o Colón ganhou uma nova sede no coração de Buenos Aires, inaugurada com a ópera *Aida*.

Em 1880, a chegada à presidência de Julio A. Roca – do recém-criado Partido Autonomista Nacional – confirmou uma era de prosperidade e de privilégios para as oligarquias argentinas. Proprietárias de fazendas e frigoríficos, negociadoras, com capitais ingleses, de financiamentos para portos e estradas de ferro, frequentadoras dos salões exclusivos do Jockey Club, as oligarquias assumiam ares patrícios diante da multidão estrangeira que inundava o país.

Em contrapartida, entre trabalhadores não raro com experiência sindical trazida do país de origem, penalizados pela inflação e submetidos a condições de labuta insalubres e exaustivas, surgiram focos de mobilização. Também, em meio às próprias camadas médias e a alguns setores da elite tradicional, nasceu um novo partido, a Unión Cívica, com aspirações vagamente democráticas. Heterogêneo, o partido acabou dividido nas eleições de 1892. Da cisão surgiu a Unión Cívica Radical, que em 1916 chegaria à presidência do país. Entre 1892 e 1916, contudo, o poder permaneceu com o Partido Autonomista Nacional, que voltou a eleger Roca em 1898.

A tônica de sua segunda gestão foi, mais do que antes, o progresso econômico e a austeridade para com os perturbadores da ordem. A Lei de Residência, sancionada em 1902, autorizava a deportação de estrangeiros que semeassem inquietude na sociedade argentina.

Os índices de desenvolvimento econômico e social são expressivos na Argentina da passagem do século XIX ao XX. Uma sólida rede de ensino público havia sido estruturada, assegurando ao país, com 77,4% de analfabetos quando se realizou o primeiro censo nacional, em 1869, índices elevados de alfabetização em décadas posteriores.

Se o Estado buscava fazer da escola primária um meio de instrução e de controle das "massas", o ensino médio, criados os *colegios nacionales* – o primeiro deles, de Buenos Aires, em 1863 –, revestia-se de sentidos elitistas, oferecendo, especialmente aos bem-nascidos, a formação enciclopédica conveniente às funções administrativas que viriam a assumir.

O ponto de partida para se pensar as políticas de difusão educacional na Argentina é, forçosamente, a já mencionada figura de Domingo F. Sarmiento (1811-1888). Em 1849, exilado no Chile, publicou a obra *Educación popular*, que condensava diretrizes para a criação de um sistema de educação nacional o qual, duas décadas mais tarde, introduziria na Argentina.

Sarmiento via a educação como fundamento do sistema republicano, como meio para a geração de um "espírito público", tal como percebera quando viajou aos Estados Unidos para estudar o assunto, a pedido do governo do Chile. Definia esse espírito como "a ação dos sentimentos comuns a uma sociedade" que se manifesta "por atos independentes da ação governante", sobretudo por meio da criação de associações com finalidades sociais e benéficas.

Escola Normal n. 1 em Buenos Aires idealizada por Emma Nicolay de Caprile, que chegou à Argentina vinda dos Estados Unidos, a convite de D. F. Sarmiento, para trabalhar como professora.

Os livros, como depositários de "toda ciência, de toda moral e de toda luz", fortaleceriam a missão da escola, "generalizando o conhecimento onde quer que haja um homem capaz de recebê-lo".

À frente do governo argentino Sarmiento promulgou, em 1871, uma lei que autorizava o financiamento de iniciativas de instrução pública provinciais pelo Tesouro Nacional. Seguiram-se outras medidas com vista à organização do sistema educacional público, que culminou, em julho de 1884, com a promulgação da Lei n. 1420 de Educação Comum, já sob a presidência de Roca. A ideia de uma educação laica, gratuita e universal constituiu a sua pedra fundamental.

A expansão do ensino primário envolveu, paralelamente, a preocupação com o estabelecimento de bibliotecas. Desde a segunda metade do século XIX, buscou-se impulsionar, por um lado, a formação de uma rede de bibliotecas escolares, voltada aos alunos e ao conjunto da comunidade escolar; por outro, uma rede de bibliotecas populares, que se difundisse pelos bairros urbanos e pelos vilarejos do país.

O tema das bibliotecas populares merece aqui destaque por expressar a força das políticas públicas de difusão da leitura naquele país, dirigidas ao conjunto da sociedade. Sarmiento foi responsável pela criação, em 1870, da Comissão Protectora de Bibliotecas Populares, encarregada do fomento, da inspeção e do investimento dos fundos destinados aos estabelecimentos que se colocassem sob seu amparo como associações particulares. As bibliotecas interessadas deveriam dirigir-se à comissão apresentando-lhe seu estatuto e o montante de dinheiro reunido, assim como a relação de livros que desejariam obter; por sua vez, o Poder Executivo lhes atribuiria um valor monetário correspondente, "empregando-se o total em compra de livros", cujo envio se faria por conta da nação.

As dificuldades enfrentadas em seus primeiros anos levaram à supressão da Comissão Protectora em 1876. Porém, ela renasceria com vigor em 1908, sob a presidência de José Figueroa Alcorta. Na esfera da sociedade civil, associações de bairro e organizações políticas, preocupadas com a formação de leitores, fariam multiplicar o número de bibliotecas pelo território nacional. O projeto foi tão bem-sucedido que, em 1954, a Argentina contava com 1.623 bibliotecas populares.

Construindo identidades: de Domingo F. Sarmiento a José Martí

Durante o século XIX, em especial na sua segunda metade, políticos, publicistas, historiadores, homens e mulheres letrados e artistas, nos mais diversos países da América Latina, refletiram sobre a história e a cultura dos Estados recém-formados, buscando dar-lhes uma particular identidade.

Desde muito cedo, ainda durante as lutas pela independência, já se indagava sobre "nossas diferenças" em relação ao Velho Mundo e sobre a "originalidade" das Américas. Afirmava-se que aqui as sociedades não eram como as europeias, pois havia índios, negros e mestiços. Assim, o próprio Simón Bolívar se perguntava na celebrada *Carta da Jamaica*, de 1815: "Quem somos nós?" Como resposta, escreveu: "não somos índios nem europeus, e sim uma espécie média entre os legítimos proprietários do país e os usurpadores espanhóis". Em uma palavra, éramos americanos, o que nos dava um perfil distinto do europeu.

Além dessa identificação comum – americanos – era preciso especificar aquilo que distinguia cada novo país. O Romantismo europeu que desembarcou, com enorme vigor, na metade do século XIX, nas Américas, oferecia as bases para o início do debate. Cada "povo" deveria se constituir com suas peculiaridades, com sua "natureza" particular. No campo primordial da língua, devia-se começar por demarcar as diferenças com o Velho Mundo. Tanto no Brasil, quanto nos países de colonização espanhola, foram intensas as controvérsias sobre a autonomia americana nas maneiras de falar e escrever a língua herdada dos colonizadores. Havia que romper com os preceitos estabelecidos pelas academias das antigas metrópoles, abrindo espaço para a voz do "povo" de cada uma das novas nações que precisava incorporar, inclusive, palavras das línguas indígenas.

O fundamental era forjar as nações. As elites tomaram a si tal tarefa, procurando despertar no "povo" o sentimento de lealdade à Pátria, elevada à categoria de entidade superior aos desejos e interesses individuais.

No México, no Brasil ou na Bolívia, mostravam-se as peculiaridades do torrão natal, em suas diversas facetas, nos jornais, nos púlpitos, nos museus, nas escolas, nos banquetes políticos. Assim, além dos problemas econômicos, das disputas políticas, das convulsões sociais, das guerras, que mobilizaram as energias das sociedades, aconteceram integrados a eles debates apaixonados sobre a construção da nação e a constituição de identidades.

Ao lado das discussões sobre a língua, era imprescindível escrever a História das recentes nações, identificar e dar forma a seus heróis, marcando as diferenças com as antigas metrópoles e mostrando que a história da América Latina não era igual à europeia. O nascimento das nações se legitimava pelas lutas emancipacionistas e as façanhas dos heróis precisavam ter adequado tratamento. No entanto, para escrever a "verdadeira" História nacional era necessário, acompanhando as diretrizes europeias, pesquisar e organizar os documentos históricos comprobatórios dos "autênticos fatos". Muitos estudiosos, assim, se dedicaram a esse primeiro objetivo. Entre eles, alguns historiadores, posteriormente consagrados, como o chileno José Toribio Medina, o brasileiro

Francisco Adolfo de Varnhagen e o mexicano Carlos Maria de Bustamante. Os dois primeiros, assíduos frequentadores de arquivos europeus, coletaram documentos para elaborar seus livros de História nacional. Dessa maneira, estava sendo elaborada uma memória nacional coletiva.

Os historiadores do século XIX interpretaram os acontecimentos a partir de uma perspectiva nacional, moldando visões que foram sendo incorporadas pelas gerações seguintes. As narrativas sobre a vida dos heróis da independência os transformaram em figuras sagradas, colocando-os "no altar da Pátria". Acompanhemos a saga de Simón Bolívar. Depois de comandar as lutas pela independência em diversas regiões da América do Sul e de ser guindado aos mais altos postos políticos, Bolívar enfrentou problemas de toda ordem que culminaram com sua retirada da vida pública e sua decisão de partir para o exílio. Morreu desprestigiado, sem recursos financeiros e sem poder político. Seu funeral foi muito simples e sem maior reconhecimento. Apenas depois da década de 1840, Bolívar foi alçado à condição de herói nacional. Como bem demonstrou Germán Carrera-Damas, o líder ressurgia das cinzas com os adornos com que a História passaria a vê-lo. Por uma série de razões internas, na década de 1840, na Venezuela dividida, iniciava-se o processo de "recuperação" da figura do herói nacional como aquele que poderia oferecer ao país as soluções para recompor a unidade e alcançar a ordem social. A cerimônia de traslado de suas cinzas – realizada com pompa e circunstância – do exílio para Caracas marcava o nascimento do herói nacional que emergia como o unificador dos contrários, como o harmonizador dos conflitos. Na segunda metade do século XIX, alcançou o lugar ímpar de herói sul-americano e latino-americano.

Do mesmo modo que as Histórias nacionais iam sendo escritas, imagens pictóricas estavam sendo elaboradas para simbolizar os grandes acontecimentos históricos. Os pintores elegeram as independências como um de seus temas mais relevantes.

Como um bom exemplo, basta lembrar o conhecido quadro *Independência ou morte* do pintor brasileiro Pedro Américo de Figueiredo e Melo (1843-1905), que retrata D. Pedro no momento da proclamação da independência, às margens do riacho do Ipiranga. Pintado em Florença entre 1886 e 1888, encontra-se exposto no Museu do Ipiranga, alcançando grande sucesso de público. Essa tela traz forte simbologia que permanece no imaginário brasileiro contemporâneo, fato comprovado por sua constante reprodução em diversos suportes, incluindo livros escolares, folhetos comemorativos, calendários e imagens televisivas.

Tão relevante quanto o quadro de Pedro Américo, destacamos a tela *El juramento de los treinta y tres orientales*, do uruguaio Juan Manuel Blanes (1830-1901). Pintada entre 1875 e 1877, representa o juramento de 33 homens, em abril de 1825, data na qual Juan Antonio Lavalleja e Manuel Oribe se lançaram à reconquista militar da Província Oriental, postulando a anulação dos compromissos políticos com o Brasil (nesse período, a Província com o nome de Cisplatina estava incorporado ao Brasil) e a conquista da independência. Do mesmo modo que a brasileira, essa pintura contribuiu para a construção de imagens-símbolos que representam a identidade nacional uruguaia.

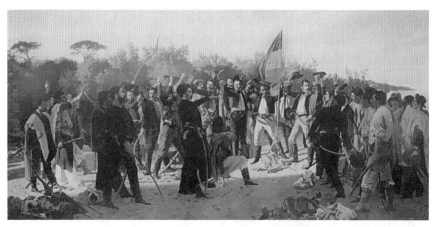

O quadro *El juramento de los treinta y tres orientales* (1875-7), óleo sobre tela do pintor Juan Manuel Blanes, representa os rebeldes que, em 1825, passaram da Argentina à Província Oriental – o Uruguai – para libertá-lo do Brasil.

Muitos ensaios também foram escritos para refletir sobre questões ligadas à cultura e à política do continente. Entre eles, saliente-se um texto, publicado em 1845, da autoria do argentino Domingo Faustino Sarmiento, que se denomina *Facundo ou civilização e barbárie*. A obra obteve grande êxito, tendo sido, logo depois, traduzida para o francês e o inglês.

Sarmiento nasceu em San Juan, província argentina de Cuyo, em 1811, portanto, praticamente junto com os movimentos pela independência do antigo Vice-reinado do Rio da Prata. Sarmiento assistiu às lutas entre Unitários e Federalistas e desde muito jovem tomou partido dos Unitários. Tal opção implicava, na década de 1830, lutar contra o poder do governador federalista de Buenos Aires, Juan Manuel de Rosas, que, como já assinalamos, havia conquistado grande poder político apoiado em acordos com vários caudilhos das províncias do interior, como Facundo Quiroga, natural de La Rioja. Aos 20 anos, Sarmiento partiu para seu primeiro exílio, no Chile, em companhia do pai, quando Facundo, em 1831, dominou toda a província de Cuyo. De volta a San Juan, envolveu-se numa conspiração unitária que o obrigou a novo exílio no Chile. Instalou-se em Valparaíso, com um modesto trabalho no comércio. Nessa cidade, começou a escrever para o jornal *El Mercurio*.

Algum tempo depois, Sarmiento foi para Santiago, onde passou a produzir artigos para o primeiro diário da capital, *El Progreso*, ligado ao Partido Conservador chileno. É nesse jornal que *Facundo ou civilização e barbárie* foi publicado como folhetim, a partir de 1º de maio de 1845, antes de transformar-se em livro.

O texto é uma biografia de Facundo Quiroga, o caudilho de La Rioja, a um tempo adversário e correligionário de Rosas, que morreu assassinado em uma emboscada, em Barranca Yaco, em 1835. O subtítulo do livro, *Civilização e barbárie*, indicava suas pretensões de ultrapassar os limites individuais da personagem e construir uma análise mais abrangente e generalizadora que alcançasse toda a sociedade argentina. Sarmiento inaugurava neste livro uma matriz interpretativa que estabelecia a oposição entre o campo – lugar da barbárie, território livre dos Federalistas – e cidade – lugar da civilização, da cultura, do progresso e da riqueza. As oposições eram não só políticas, entre federalistas e unitários, mas também culturais, entre mundo letrado e tradição oral.

A primeira parte do livro é uma análise do meio geográfico da Argentina, na qual Sarmiento descrevia as paisagens que compunham o cenário em que se desenvolveriam as lutas civis entre unitários e federalistas. A segunda parte está dedicada à biografia propriamente dita de Facundo Quiroga. Sarmiento identificava Facundo como um típico caudilho, isto é, um indivíduo "feroz", com "instintivo ódio às leis", atitude própria de um "primitivo barbarismo". A terceira parte diz respeito à nação e à política, já que a biografia de Facundo foi um pretexto para Sarmiento atacar Rosas, pugnar por sua derrubada e indicar uma proposta alternativa de governo, um projeto político para a futura Argentina unida, forte e liberal.

Sarmiento escreveu sua obra usando livros de viajantes europeus como referências centrais para descrever as localidades onde nunca estivera – tanto as cidades como o campo. Nessa época, além de Valparaíso e de Santiago, o conhecimento empírico do mundo geográfico limitava-se, para nosso autor, a modestas capitais de província, como San Juan ou Mendoza. Quanto ao campo, se estava familiarizado com as montanhas, nunca havia visto os pampas. E jamais pisara em Buenos Aires.

O texto de Sarmiento ganhou enorme repercussão e sua interpretação da divisão da sociedade e da cultura em civilizados e bárbaros marcou a visão das elites letradas da América Latina. Os civilizados se identificavam com os brancos, que tinham os olhos voltados para a Europa. Do lado dos "bárbaros", alinhavam-se os negros, os índios, os gaúchos/mestiços, os pobres, os não proprietários, os camponeses, todos eles incapazes – na perspectiva das elites – de compreender a coisa pública. Deveriam ser meros coadjuvantes no universo das decisões políticas, com um papel subordinado e controlado pelas classes dirigentes. A dicotomia civilização *versus* barbárie justificava a preeminência dos primeiros sobre os segundos. Ainda que artificial e injusta, essa visão teve grande força de persuasão, permanecendo até o presente.

Se Sarmiento defendia a cultura vinda da Europa, outros autores ampliaram as narrativas do nacional elegendo os subalternos como figuras centrais de suas obras. Foi assim com o gaúcho "bárbaro", supostamente violento e ignorante, fruto mestiço da terra americana. O argentino José Hernandez lhe dedicou o poema *Martín Fierro*, publicado em 1872. O poema alcançou sucesso retumbante. Seus versos, que contam a triste história de um gaúcho perseguido e injustiçado, foram recitados de cor por muitas gerações.

Os escritores latino-americanos do século XIX olharam para dentro das sociedades que lhes rodeavam e não puderam escapar da constatação de que o presente era o resultado das mesclas e das misturas étnicas que aconteciam desde o início da colonização. Assim, conceberam romances nos quais os encontros étnicos estavam na base dos pares amorosos imaginados. No Brasil, José de Alencar desponta como o autor de romances – *Iracema*, *O Guarani* – em que narra os amores impossíveis entre brancos e indígenas.

Na América espanhola há muitos outros exemplos. Tomemos um, o romance *Sab*, escrito pela cubana Gertrudis Gómez de Avellaneda, em 1841, portanto, quando a ilha ainda era uma colônia espanhola. Sab é um escravo mulato perdidamente apaixonado por sua senhora, Carlota, que fora sua companheira de brinquedos na infância. Na perspectiva da época, um amor impossível de se consumar. Mas o notável nessa narrativa é que a autora ousa contemplar o escravo com o papel determinante no livro, responsável por todo o desenrolar da trama. Ao final, Sab morre, mas deixa uma carta endereçada à amada, na qual explica tudo que havia feito para que ela alcançasse a felicidade, isto é, casar-se com Enrique Otway, o oportunista filho de um comerciante inglês, interessado apenas em seu dote. Avellaneda, neste romance, permite que a sociedade escravista cubana, com seus paradoxos e contradições, penetre na trama amorosa. Além disso, apresenta a figura do estrangeiro como o aproveitador da ingênua "nativa".

No mundo das artes, ocorreu fenômeno semelhante. Se diversos pintores, por toda a América Latina, se dedicaram a pintar retratos de homens e mulheres das elites, outros tantos se deixaram seduzir pela "cor local", permitindo que temas da vida cotidiana e modelos de gente simples entrassem em suas telas. Como a maioria desses pintores havia estudado na Europa, alguns críticos afirmavam que os artistas precisavam "se nacionalizar", abandonando as temáticas europeias e elegendo os "tipos populares" como tema de suas obras.

O pintor brasileiro José Ferraz de Almeida Júnior (1850-1899), nascido em Itu, São Paulo, ao voltar de Paris, fez uma série de quadros nos quais o homem rústico do interior, o *caipira*, era apresentado como protagonista. Seu *Caipira picando fumo* é o exemplo do quadro que mostra "como eram os brasileiros". Na tela ensolarada, um homem mestiço, magro, descalço, vestindo calça e camisa de algodão surrado, corta o fumo de rolo para enrolar seu cigarro na palha colocada atrás da orelha. Sentado num tronco, em frente à porta de sua casa de pau a pique, demonstra serenidade e um ar digno e de confiança. A pobreza à sua volta não lhe incomoda. O pintor indicava que também aqueles brasileiros simples e pobres integravam a nacionalidade.

No México, acontecia o mesmo movimento. Os artistas escolheram temas populares para compor suas obras. José Agustín Arrieta (1803-1874?), pintor que se dedicou a produzir quadros sobre cenas populares, como mercados e bodegas da cidade de Puebla, deixou uma obra cheia de cor, com os personagens populares plenamente integrados ao ambiente. Chama a atenção a tela *El Costeño* (s. d.) em que retratou um adolescente negro com um ar sereno, carregando um cesto com frutas típicas do país (à venda recentemente na Galeria Sotheby's por 1 milhão de dólares).

El Costeño (s. d.), óleo sobre tela do mexicano
José Agustín Arrieta, 1803-1874. Considerado um
costumbrista, o pintor distinguiu-se pelas representações
da vida cotidiana da cidade de Puebla.

José Jara (1866-1939) constitui-se em outro bom exemplo de pintor mexicano que elegeu personagens e ambientes populares como tema de suas obras. Produziu vários quadros nos quais representava os costumes de camponeses de seu país. Entre eles, destaca-se *El carnaval de Morelia*, de 1899, em que mostrou as festas de carnaval, originárias de um antigo ritual camponês, num pequeno *pueblo* perto de Morélia.

El carnaval de Morelia (1899), óleo sobre tela do pintor mexicano José Jara, que retratou outros temas populares em suas obras.

Em suma, quisemos mostrar que, no século XIX, escritores e artistas produziram obras fortemente vinculadas à temática da nação. As identidades nacionais foram elaboradas com intenções políticas diversas. Para alguns, apenas as elites brancas – por sua cultura e proximidade com a "civilização" europeia – deveriam dirigir o país, instituindo como cerne da nacionalidade suas concepções culturais letradas e exclusivistas. Para outros, ainda que poucos, a presença popular e as manifestações de sua cultura não podiam ser deixadas de lado e deviam ser incorporadas ao cenário da nação. A construção das identidades nacionais foi aos poucos se estruturando concomitantemente com a ideia e o sentimento de identidade latino-americana. O nome *América Latina,* como indicamos no início deste livro, foi inventado e acabou sendo aceito como a denominação da região, marcando as diferenças que distanciavam os latino-americanos da "outra" América, a anglo-saxônica.

As visões dos latino-americanos sobre os Estados Unidos se dividiam. Para um grupo, o país do Norte aparecia como modelo a ser seguido, por seu progresso material, sinal dos "povos civilizados", por sua estabilidade política e pela iniciativa e determinação de seus habitantes. Entre os admiradores dos Estados Unidos, Domingo Faustino Sarmiento, na Argentina, e Joaquim Nabuco, no Brasil, merecem destaque. Sarmiento louvava o sistema educacional dos Estados Unidos e convidou professoras norte-americanas para ensinar na Argentina. Nabuco, ardoroso defensor da abolição da escravidão, ainda que monarquista, apoiou a aproximação diplomática entre o Brasil e os Estados Unidos. Depois de muita relutância e insistentes solicitações por parte do novo governo republicano, aceitou voltar à diplomacia e, em 1905, atingiu o ápice de sua carreira ao ser nomeado responsável pela primeira representação diplomática brasileira nos Estados Unidos. O barão do Rio Branco e ele foram os artífices da política externa de aproximação entre o Brasil e os Estados Unidos no século XX.

No polo oposto, estavam aqueles que olhavam a América inglesa com temor e apreensão. Um dos primeiros, na metade do XIX, a alertar para as possibilidades expansionistas dos Estados Unidos foi o chileno Francisco Bilbao, polemista radical e inimigo do clero e dos jesuítas. Em *Iniciativa de la América*, escrito em 1856, propunha a união da América do Sul em torno de alguns pontos centrais: a República, a liberdade, a fraternidade universal e a prática da soberania. Insurgia-se contra qualquer tentativa de invasão da Europa e denunciava as ambições dos Estados Unidos, país com "garras" que se estendiam cada vez mais em direção ao Sul. Suas palavras são duras e proféticas com relação ao Panamá: "Já vimos cair fragmentos da América nas mandíbulas saxônicas [...]. Ontem o Texas, depois o norte do México e o Pacífico saúdam a um novo amo. Hoje as guerrilhas avançadas despertam o Istmo e vemos o Panamá, essa futura Constantinopla da América, vacilar suspensa [...] e perguntar: serei do Sul, serei do Norte?".

As referências de Bilbao à perda de metade do território do México para os Estados Unidos, em 1848, soaram, na América Latina, como sinal de alerta contra a política exterior dos Estados Unidos. Mas foi a Guerra Hispano-americana de 1898 – que culminou com a "independência" de Cuba, transformada em protetorado, e a incorporação de Porto Rico e das Filipinas como colônias norte-americanas – que levantou a indignação de muitas vozes na América hispânica. As críticas aos Estados Unidos vinham acompanhadas de uma reflexão sobre a necessidade de união da América Latina e sobre a valorização das particularidades de sua cultura.

INDEPENDÊNCIA DE CUBA

Os últimos bastiões do poder espanhol na América eram Cuba e Porto Rico. Em Cuba, aconteceu uma primeira, longa e difícil tentativa de libertação em 1868. Durante dez anos, os cubanos lutaram, sem êxito, para ficar livres da Espanha. Havia uma questão central na ilha: a permanência do trabalho escravo. O auge da escravidão aconteceu no século XIX, ligado ao desenvolvimento da produção açucareira. Nessa primeira tentativa de independência, os grandes fazendeiros acabaram por não apoiar essa causa, devido à ameaça espanhola de libertar os escravos. Mas a libertação deles chegou na década de 1880, a despeito das tentativas dos proprietários para seu adiamento.

Por outro lado, em Porto Rico, o movimento pela independência nunca alcançou o mesmo vigor que o cubano. Em 1868, Porto Rico tentou, em vão, libertar-se da Espanha. Aquela ilha, localizada na entrada do mar do Caribe, desempenhava o papel de fortaleza, com uma poderosa guarnição militar espanhola. Além disso, Porto Rico jamais alcançara o crescimento econômico de Cuba, não contando com uma influente classe de proprietários.

Depois de sua participação, ainda muito jovem, na Primeira Guerra de Independência, entre 1868-1878, José Martí viveu no exílio no México e Estados Unidos. Neste último país, dedicou-se a organizar um Partido Revolucionário e uma expedição militar para desembarcar em Cuba e reiniciar a luta pela independência.

Assim, em 1895, começava a segunda grande guerra pela independência. Uma corrente liderada por José Martí propunha a independência plena de Cuba em relação à Espanha e já advertia para o perigo de uma possível ingerência norte-americana nos negócios da ilha. Martí morreu logo depois de iniciada a luta armada, ganhando a aura de herói.

> No começo de 1898, os Estados Unidos declararam guerra à Espanha depois de um incidente no porto de Havana, quando um navio norte-americano, o Maine, explodiu e afundou. A Espanha foi acusada – ainda que nunca tivesse sido provado – por tal ato. Em poucos meses, as forças norte-americanas entraram em Havana, conquistando a vitória sobre a Espanha e a "independência" de Cuba.
>
> Pelo Tratado de Paris, assinado no final de 1898, a Espanha cedeu aos Estados Unidos a ilha de Porto Rico, no Caribe, e as Filipinas e a ilha de Guam, no Pacífico. Cuba ficou independente, mas se transformou em protetorado dos Estados Unidos. Um bom exemplo desse *status* foi o acréscimo à Constituição cubana de uma emenda proposta pelo senador norte-americano Orville H. Platt – daí ser conhecida como Emenda Platt – votada e aprovada pelo Congresso cubano em 1901 que, no parágrafo terceiro, consagrava o direito legal de intervenção (armada se necessário) dos Estados Unidos nos assuntos internos de Cuba. Em 1903, também foi assinado um Tratado de Arrendamento de Bases Navais e Militares pelo qual foram cedidos aos Estados Unidos 117 km² da costa da ilha, a hoje tão conhecida Base Naval de Guantánamo.

Na obra do uruguaio José Enrique Rodó, *Ariel,* publicada em 1900, ecoavam os acontecimentos da intervenção norte-americana na guerra de independência de Cuba. A reação latino-americana "ao perigo ianque" foi ganhando adeptos, tendo em vista a sequência de novas intervenções dos Estados Unidos na América Central e Caribe, inaugurada pelo governo de Theodore Roosevelt, e sua política externa do "*big stick*" (grande porrete).

Nesse livro, Rodó construiu uma oposição entre a América Latina e os Estados Unidos, que marcava as diferenças entre os dois mundos, ganhando enorme repercussão entre o público leitor da América espanhola. Rodó apropriou-se das personagens centrais da peça de Shakespeare, *A tempestade,* e a partir delas criou metáforas culturais e políticas sobre as Américas. Na peça original, Próspero é o senhor de uma ilha que possui um servo em forma de espírito alado, Ariel, e um escravo disforme, Caliban. O autor fez de Ariel – representação da beleza, da filosofia, das artes, do sentimento do belo, das coisas do espírito – o símbolo da América Latina; e de Caliban – ligado à matéria, ao dinheiro, ao imediato e ao efêmero – a marca dos Estados Unidos. Para Rodó, era preciso buscar no passado espanhol as tradições culturais formadoras da América hispânica e voltar à Grécia clássica de quem herdáramos os valores de beleza e arte. O passado colonial era revisitado, e a herança espanhola com sua língua, seus valores, costumes e tradições vista como positiva. No entanto, é importante enfatizar que na visão elitista de Rodó ignorava-se qualquer participação de índios, negros ou mestiços na constituição das respectivas culturas nacionais.

Estabelece-se uma associação natural entre José Enrique Rodó, José Martí e Rubén Darío, pois são os três grandes expoentes do denominado *modernismo hispano-americano*. Essa aproximação se faz tanto pela via da história da literatura, como pelas trajetórias políticas, já que eles têm em comum uma produção crítica às atitudes do governo dos Estados Unidos com relação à América Latina.

Rubén Darío é considerado o iniciador do movimento modernista hispano-americano com a publicação de seu hoje lendário poema, "Azul". Nascido na Nicarágua, deixou jovem sua terra e viveu em outras partes da América Latina, como Argentina e Chile, e também nos Estados Unidos e na Europa. Darío tomou posição diante das intervenções dos Estados Unidos, no Caribe e na América Central, colocando em versos um poderoso libelo contra o presidente Theodore Roosevelt. O poema "A Roosevelt" carrega virulência e vigor. Em seus versos, o presidente é o "caçador", o "homem do rifle", identificado com os Estados Unidos e acusado de ser "o futuro invasor" da América que "tem sangue indígena".

José Martí foi considerado herói e mártir da independência cubana, tanto antes, quanto depois da Revolução Socialista de 1959. A célebre frase escrita por Martí, pouco antes de morrer, em uma carta a Manuel Mercado: "Vivi no monstro [EUA] e lhe conheço as entranhas: – e minha funda é a de Davi" continua ecoando até o presente. A "funda de Davi" deveria ser manejada pelos latino-americanos para derrotar "o gigante Golias". Cunhou a expressão *Nuestra América,* para se opor à "outra" América dos anglo-saxões.

Em seus textos, o cubano apresentava a América Latina como uma unidade com passado e destino comuns, dos quais todos deviam de orgulhar: "E em que Pátria pode o homem ter mais orgulho do que em nossas repúblicas sofridas da América? [...] De fatores tão desordenados, jamais, em menos tempo histórico, criaram-se nações tão adiantadas e compactas." A perspectiva de que tínhamos uma história rica, mas desvalorizada, era uma de suas constantes reiterações: "A história da América, desde a dos incas, deve ser ensinada minuciosamente, mesmo que não se ensine a dos arcontes da Grécia. A nossa Grécia é preferível à Grécia que não é nossa. Ela nos é mais necessária."

Diferentemente da maioria dos escritores elitistas seus contemporâneos, olhava para dentro das sociedades latino-americanas e as aceitava em sua mistura étnica. Não existiam raças, afirmava ele, "apenas diversas modificações do homem, em detalhes de hábitos e de formas". Desse modo, criticava as teorias raciais e não via qualquer traço de inferioridade na composição étnica da América hispânica. Além disso, se compadecia "dos pobres da terra" e com eles se solidarizava.

Ao se encerrar o século XIX na América Latina, para construir as identidades nacionais e latino-americanas, homens e mulheres pensaram sobre problemas da História e das línguas nacionais, escreveram romances, pintaram quadros e discutiram as questões étnicas. Os grandes debates da política que opunham democracia e autoritarismo; cidade e campo; ricos e pobres; elites e povo continuavam na ordem do dia. A escravidão dos negros fora abolida, sem resolver a discriminação contra os novos alforriados. Os indígenas foram arrancados do seu tradicional modo de vida em comunidades e colocados em situação de maior miséria. As mulheres tinham sido ofuscadas e postas em segundo plano, mas entrariam em cena com todo vigor no século seguinte.

A Revolução Mexicana

O primeiro grande acontecimento do século XX latino-americano merecedor de uma atenção especial é, sem dúvida, a Revolução Mexicana de 1910. Além de ser a primeira grande revolução social daquele século, ela pôs em evidência alguns dos grandes problemas do continente, tais como a questão da terra e dos camponeses, os temas em torno do autoritarismo político, os conflitos étnicos e os embates sobre as produções da cultura nacional.

Como vimos anteriormente no capítulo "Projetos liberais e populações indígenas no século XIX", o fuzilamento, em 1867, do imperador austríaco, Maximiliano de Habsburgo, cujo governo havia sido sustentado pelas tropas francesas de Napoleão III, selou a derrota do Partido Conservador mexicano. Os grupos liberais retornaram ao poder, com Benito Juárez na presidência da República. Porfirio Díaz, herói das campanhas de resistência contra os franceses, tornou-se presidente em 1876, após um bem-sucedido levante militar contra o presidente Sebastián Lerdo de Tejada, sucessor de Juárez. Ocupou o cargo, com uma interrupção formal entre 1880 e 1884, até princípios de 1911.

Durante seu longo governo, o México passou por acelerado processo de modernização e crescimento econômico. Nas terras do norte e do sul praticava-se, em geral, a agricultura de exportação, mantendo-se relações de trabalho assalariadas. Mas, nessas regiões, também havia a modalidade da parceria, assim como a de trabalho forçado, como era o caso dos índios Yaqui em estado de semiescravidão no Yucatán. Na parte central do México, desenvolvia-se a agricultura de subsistência, sendo o Estado de Morelos uma exceção, pois lá se cultivava a cana-de-açúcar para exportação. É de se notar que a produção de alimentos básicos de consumo cotidiano, como o milho, diminuiu a ponto de o país precisar importar esse cereal tão tradicional nas mesas mexicanas.

Os Estados Unidos eram o principal mercado importador das mercadorias mexicanas. Além das produções mais antigas como o henequém, madeiras e couro, o México também exportava café e açúcar. As minas, responsáveis pelo polo mais dinâmico da economia mexicana, no período anterior, estavam estagnadas, em virtude de problemas tecnológicos e da falta de capitais. Porém, sob o Porfiriato, foi reformulado o Código Mineiro (1884), que passou a conceder privilégios ao capital externo dirigido à mineração, havendo predomínio dos investimentos norte-americanos. As ricas zonas do norte – Sonora e Chihuahua – puderam ser exploradas pelas novas facilidades proporcionadas pela construção das estradas de ferro que ligavam os centros produtores ao ponto de venda na fronteira com os Estados Unidos. As estradas de ferro, à semelhança do que ocorreu, à mesma época, na maior parte dos países da América Latina, tiveram um crescimento significativo. Em 1876, havia apenas 640 km de estradas de ferro no país, enquanto em 1910, os trilhos chegaram à extensão de 19.280 km. A partir da década de 1890, a produção de metais não preciosos como o cobre, o chumbo, o zinco superou, de longe, as tradicionais produções de prata.

No México, desde o período colonial, havia uma produção têxtil de certa relevância. Depois da independência, especialmente na região de Puebla, os tecidos baratos de algodão voltados para o mercado interno tiveram sua produção aumentada, fazendo diminuir as importações desse produto. Uma das razões desse êxito estava relacionada à proteção por parte do Estado, que determinou, por exemplo, isenções temporárias de impostos.

Em Monterrey, começou a funcionar, em 1903, uma Fundição de Ferro e Aço formada com capitais norte-americanos e mexicanos de origem francesa. Tal iniciativa foi incentivada por uma medida do Congresso norte-americano que colocou tarifas alfandegárias altas sobre os minerais mexicanos a serem beneficiados nos Estados Unidos.

Em 1900, a população mexicana atingia 13.508.000 habitantes, com uma parcela mínima de estrangeiros, aproximadamente 60 mil pessoas. De maneira geral, a economia mexicana teve um notável crescimento durante o Porfiriato, especialmente os setores voltados para os mercados estrangeiros. O incremento do comércio externo indicava claramente essa tendência: entre 1892/1893 e 1910/1911, as exportações se elevaram em mais de três vezes.

Mas a pobreza da maior parte da população era grande e a insatisfação social mostrava-se palpável. Os operários foram protagonistas de muitas greves, na primeira década do século, sendo as mais destacadas as das fábricas de têxteis em Rio Blanco, em Veracruz e nas minas de Cananea, no estado de Sonora. Ambas foram duramente reprimidas pelo governo de Porfirio Díaz.

Do mesmo modo, a situação social dos camponeses era bastante difícil, já que eles vinham perdendo a posse coletiva de suas terras. Desde a vitória dos liberais em 1854, a defesa da propriedade privada da terra como fator de "progresso" ganhava força. O primeiro efetivo golpe contra as comunidades indígenas veio com a Lei Lerdo de 1856, que proibia a propriedade coletiva da terra. A desestruturação das propriedades comunais indígenas foi responsável pela expulsão dos camponeses de seus *pueblos*, determinando, de um lado, a diminuição da agricultura de subsistência (o milho, para dar um exemplo) e, de outro, sua transformação em trabalhadores assalariados em fazendas que produziam para exportação. Para que eles permanecessem nas fazendas, foi inventado um sistema perverso que começava com as dívidas contraídas pelos trabalhadores em mercadinhos dentro das fazendas – as chamadas "*tiendas de raya*" – e terminava com sua obrigação de permanecer no local até pagar a dívida, que era hereditária.

Depois que Porfirio Díaz assumiu o poder, acentuaram-se as medidas para a ampliação legal da propriedade privada da terra. Na década de 1880, as chamadas leis de colonização dos "baldios" (terras devolutas do Estado) provocaram uma grande concentração da terra em mãos de poucos proprietários. Esse processo foi comandado por companhias que "demarcavam" extensas porções de terras, alegando que elas pertenciam ao Estado. Essas companhias tinham, por contrato, o direito de ficar com boa parte das terras consideradas devolutas. Entre 1890 e 1906, foram delimitados 16.800.000 hectares, cabendo a maior parte a essas companhias. Assim, um dos sócios da companhia adquiriu 7 milhões de hectares em Chihuahua; um segundo, 2 milhões de hectares em Oaxaca; outros dois, 2 milhões de hectares em Durango; e, finalmente, quatro sócios, 11,5 milhões de hectares na Baixa Califórnia. Desse modo, oito pessoas transformaram-se em proprietárias de 22,5 milhões de hectares.

Em 1906, essas companhias foram dissolvidas, porém já haviam sido demarcados 49 milhões de hectares, a quarta parte do território mexicano. De acordo com o historiador Jesus Silva Herzog, não existia no país tal quantidade de terra em mãos do Estado à espera de serem ocupadas. Aqueles que não possuíam títulos perfeitos, de acordo com juízes ligados aos interesses das famílias mais influentes e poderosas, acabaram por perder suas propriedades. A injustiça e a arbitrariedade foram armas poderosas na conquista das terras de pequenos proprietários ou de *pueblos* indígenas, que se sentiram usurpados e, muitas vezes, reagiram. A pauperização no campo, a perda das terras, a opressão dos grandes proprietários sancionada pelo Estado porfirista atuaram como estopim responsável pela participação camponesa na Revolução. Com esse quadro social tenso, pode-se entender melhor a explosão do movimento revolucionário.

A Revolução começou a partir de uma questão político-eleitoral. Porfirio Díaz fora reeleito em pleitos consecutivos desde 1884, ainda que houvesse constantes denúncias de fraudes e de coerção pessoal. Em 1910, quando ele já estava próximo dos 80 anos, novamente se apresentou como candidato à presidência do México. Mas, dessa vez, surgiu um forte nome de oposição, Francisco I. Madero, pertencente a uma rica família de latifundiários do estado de Coahuila, no norte do México. Sua candidatura ganhara inúmeros adeptos pois, como membro do Clube Central Antirreeleição, criado um ano antes, havia viajado pelo país pregando a democracia e o princípio da não reeleição.

Enquanto o México celebrava o centenário de sua independência, Madero se lançava candidato de oposição ao mais alto cargo da República. Entretanto, pouco antes das eleições de julho de 1910, ele foi acusado por "incentivo à rebelião", sendo forçado a passar na prisão todo o período eleitoral. Diaz foi reeleito e Madero posto em liberdade condicional. Então, tomou a decisão radical de fugir para os Estados Unidos e organizar uma resposta armada às fraudes nas eleições. Em outubro, começou a fazer circular um programa que tomou o nome de Plano de San Luis, no qual conclamava a todos para derrubar o governo de Porfirio Díaz, marcando dia e hora para o início do movimento: 20 de novembro de 1910, às seis horas da tarde.

Em 25 de maio de 1911, Porfirio Díaz assinava sua renúncia e partia para o exílio na Europa onde morreria quatro anos depois. A Revolução triunfara depois de difíceis e duras batalhas. Em 7 de junho, Francisco Madero entrava triunfalmente na Cidade do México acompanhado por mais de cem mil seguidores.

Se uma questão de ordem política se apresentou como detonadora da Revolução Mexicana, as demandas sociais, especialmente no campo, sustentaram o movimento e deram-lhe densidade. Tomemos o exemplo do pequeno *pueblo* de Anenecuilco, no estado de Morelos, onde nasceu o jovem líder camponês, Emiliano Zapata. Ali se lutava para que as cobiçadas terras do *pueblo* permanecessem em mãos da comunidade de camponeses. Assim, quando Madero conclamou a todos para a derrubada do governo de Porfirio Díaz, Zapata aderiu à causa. Comandou o Exército Libertador do Sul e contribuiu para a vitória das forças revolucionárias nesse primeiro período.

Emiliano Zapata (sentado no centro) e soldados do Exército Libertador do Sul, em roupas próprias da população camponesa dos *pueblos* indígenas.

Madero, ao chegar à presidência do país, com sua plataforma de caráter eminentemente político, entendeu que a Revolução já era vitoriosa e determinou que todos os exércitos que a apoiaram fossem desarmados. Porém, Zapata se recusou a obedecer, pois sustentava que os objetivos fundamentais do movimento não tinham sido alcançados, ou seja, a questão das terras das comunidades permanecia sem resposta. Assumiu a iniciativa de lançar, em 25 de novembro de 1911, o Plano de Ayala, que considerava o governo de Madero "traidor" das aspirações camponesas e exigia a recuperação das terras das comunidades usurpadas durante o regime anterior. Como afirmam os historiadores Aguilar Camín e Lorenzo Meyer, esse "era o programa por excelência da revolta camponesa e da luta agrária no México".

A rebeldia dos camponeses de Morelos punha em risco o governo de Madero, que já fora abalado por outras rebeliões internas de caráter eminentemente político, como por exemplo, a de Pascoal Orozco. Mas o golpe final foi dado pelo general Victoriano Huerta, a quem Madero nomeara comandante do Exército nacional. Durante meses, ele conspirou abertamente com o embaixador norte-americano no México, Henry Lane Wilson, pela derrubada de Madero. Em fevereiro de 1913, Huerta chegou ao poder pela via golpista. De forma arbitrária, mandou prender o presidente eleito Francisco I. Madero e seu vice, José María Pino Suárez. Na madrugada, ambos foram retirados de suas celas e sumariamente fuzilados. A primeira fase da Revolução se fechava de forma trágica.

Huerta representava a contrarrevolução, que significava a volta dos grupos ligados ao porfiriato, incluindo seu sobrinho, também conspirador, Félix Diaz. Manter-se no poder, no entanto, não foi fácil. Tentou, sem êxito, eliminar os muitos focos rebeldes. Foi um período de extrema repressão com a perda de inúmeras vidas.

No centro-sul do México, o exército zapatista resistia. No norte, outro importante núcleo lutava contra Huerta. Era Pancho Villa, antigo foragido da lei e ex-combatente do exército maderista. Depois do golpe e da morte de Madero, Villa organizou um poderoso e ágil exército popular que ficou conhecido como Divisão do Norte.

Pancho Villa em 1914. Muitas fotografias de Villa foram tiradas por cinegrafistas da Mutual Film Corporation, de Hollywood, que filmou sua vida e a guerra. O uniforme militar do general surgiu para ser usado no cinema.

Também no norte, o governador de Coahuila, Venustiano Carranza, não aceitou o governo Huerta e organizou o exército depois chamado de Constitucionalista. Contava com um importante aliado militar, Álvaro

Obregón, do estado de Sonora, que teria um papel central nas futuras batalhas da Revolução. O exército constitucionalista, em 14 de agosto de 1914, venceu as forças de Huerta, que ofereceu sua rendição incondicional, fugindo para os Estados Unidos, onde morreu alguns anos depois.

Os episódios em torno da ascensão e queda de Victoriano Huerta comportam igualmente alguns aspectos externos envolvendo os Estados Unidos. Como já foi dito, Huerta conspirou com o embaixador norte-americano para derrubar Madero. Porém, com a eleição de Woodraw Wilson para o governo nos Estados Unidos, logo depois do assassinato de Madero, a direção da política externa estadunidense mudou com relação ao México. Desse modo, em 21 de abril de 1914, fuzileiros navais norte-americanos desembarcaram no porto de Vera Cruz para pressionar Huerta a renunciar. Foi uma invasão malsucedida, rapidamente derrotada, que serviu apenas para despertar fortes críticas dos mexicanos em relação à decisão do governo norte-americano.

Depois da derrota de Huerta, começaram as disputas entre os grupos de Zapata, de Villa e de Carranza sobre o futuro político do México. Os villistas foram se radicalizando e passaram a pleitear uma reforma agrária. Nesse sentido, aproximavam-se dos zapatistas que não abriam mão da exigência da restituição das terras aos indivíduos e comunidades cujas propriedades tinham sido usurpadas. Carranza não colocava as aspirações camponesas como prioritárias e pretendia ser presidente de um país coeso com uma agenda política de âmbito ampliado. Dessa maneira, temia os agraristas, olhando para eles como responsáveis pela desagregação nacional, pois só tinham olhos para a questão da terra.

No final de 1914, por um mês, os revolucionários se encontraram em uma convenção na cidade de Aguascalientes para tentar resolver suas diferenças. Mas não foi possível chegar a um acordo. Os villistas dominaram a convenção e desautorizaram Carranza como chefe do poder executivo. O resultado foi uma divisão com dois lados em pugna. Pancho Villa e Emiliano Zapata, reconciliados, entraram na Cidade do México, no dia 6 de dezembro, com um exército de 60 mil homens, enquanto Carranza e seus seguidores se deslocaram para Veracruz. Uma famosa fotografia na qual se vê um Villa sorridente sentado na cadeira presidencial, com um Zapata bastante sério a seu lado, comprova esse momento único.

Essa foi a ocasião de maior poder das forças camponesas e populares, fazendo parecer possível sua vitória. No entanto, o desenrolar dos acontecimentos mostrou que a direção da Revolução tomara outro rumo, pois Villa e Zapata seriam derrotados no ano seguinte. Como escrevem Aguilar Camín e Meyer sobre 1915: "É o ano de definição da Guerra Civil, com a derrota dos exércitos villistas e zapatistas, os exércitos camponeses da Revolução. É o ano do estabelecimento de uma nova hegemonia política nacional, cuja continuidade fundamental não se perderia nos anos seguintes."

Na Batalha de Celaya, em 1915, Obregón derrotou Pancho Villa e o obrigou a retirar-se para a região de Chihuahua. Nesse combate, Obregón utilizou uma moderna artilharia, aí incluídas as metralhadoras, que lhe garantiu a vitória e ceifou os villistas aos milhares. Estima-se que as forças villistas perderam 14 mil homens entre mortos e feridos.

Igualmente, o exército zapatista foi dizimado pelos homens de Pablo González que tomaram a capital do estado de Morelos. Em junho de 1916, entraram em Tlaltizapán, a cidade em que funcionava o quartel-general de Zapata. A repressão foi terrível. Ali, como punição exemplar, aconteceu a execução sumária de 132 homens, 112 mulheres e 42 crianças.

A Revolução Mexicana foi fotografada por agências noticiosas norte-americanas e alemãs, assim como por mexicanos, entre os quais se destaca o famoso fotógrafo Agustín Casasola. Há retratos de batalhas, de líderes revolucionários e, também, de mulheres. As chamadas "soldaderas" acompanhavam seus maridos ou familiares, cozinhando, cosendo, servindo como enfermeiras ou trabalhando como prostitutas. No acervo de imagens sobre a Revolução, aparecem muitas mulheres. Na mais conhecida dessas fotos – atribuída a Casasola – vê-se uma jovem mulher na porta de um trem estacionado na estação, a quem se deu o nome de Adelita e que se transformou em símbolo da Revolução.

Em busca do apoio dos camponeses, Carranza criou uma Lei Agrária, em 1915, para iniciar uma tímida reforma agrária em que se propunha a devolução de terras às comunidades. Com isso, procurava cooptar os adeptos de Zapata. O mesmo foi feito em relação aos trabalhadores urbanos. No período da Revolução, os trabalhadores mais politizados estavam organizados na Casa do Operário Mundial. Carranza e Obregón se aproximaram desses operários e acabaram por fechar um acordo com eles que enviaram 3 mil homens ao exército constitucionalista.

Essa aproximação logo se transformou em repressão. À medida que os operários fizeram reivindicações e propuseram greves, a resposta do governo carranzista foi muito dura. Quando os sindicatos da Cidade do México decretaram greve geral em 31 de julho de 1916, Carranza decretou a lei marcial e a pena de morte para os operários envolvidos no movimento. A lei era tão estrita que bastava ter ouvido propostas sobre alguma greve para ser enquadrado como "criminoso".

Em meio às batalhas e à convulsão geral que atravessava o país, houve espaço para a produção cultural. Em 1915, Mariano Azuela (1873-1952) publicava um livro que se tornaria um clássico, *Los de abajo,* em que relatava os dramas vividos pelos camponeses durante a Revolução. Baseou-se em sua experiência pessoal como médico e integrante das forças villistas.

Do mesmo modo, é surpreendente saber que, em 1914, foi aberto um concurso artístico que pretendia premiar o melhor mural para o Teatro Nacional então em construção (hoje Palacio de Bellas Artes). Não existem documentos que indiquem os desdobramentos de tal iniciativa. Mas um talentoso pintor, Saturnino Herrán (1887-1918) tomou a sério o chamado e produziu um maravilhoso estudo para compor um tríptico denominado *Nuestros dioses.* O retábulo central recebeu o nome de *Cristo/Coatlicue.* Nesse esboço – o quadro nunca foi terminado –, Herrán propôs uma amálgama entre as culturas asteca e hispânica, utilizando uma simbologia religiosa e unindo a deusa Coatlicue e Jesus Cristo. Como muito bem analisou Fausto Ramírez, o pintor buscou definir e concretizar um suposto "espírito nacional", apropriando-se da ideologia da mestiçagem como recurso conciliatório entre as duas culturas. Representava o complexo processo de oposição, conflito e síntese final dos cultos hispanistas e astecas.

Ainda no ano de 1916, houve um forte atrito com os Estados Unidos. Pancho Villa decidiu ocupar Columbus, uma pequena cidade norte-americana de fronteira no Novo México. A cidade foi tomada e saqueada pelos mexicanos durante algumas horas. Esta invasão provocou a indignação do governo norte-americano. O presidente Wilson organizou uma expedição punitiva composta por 4.800 homens comandada pelo general Pershing para caçar Pancho Villa. Os soldados entraram no estado de Chihuahua e lá permaneceram por oito meses, sem jamais encontrar o líder revolucionário. O único resultado concreto foi o abalo, por considerável tempo, das relações diplomáticas entre o México e os Estados Unidos.

Voltando à política interna, o próximo importante passo de Carranza para consolidar seu poder como "Primeiro Chefe encarregado do Poder Executivo" foi o de convocar, em setembro de 1916, um Congresso Constituinte. Os mecanismos de eleição dos deputados constituintes foram arranjados de tal forma que apenas carranzistas fiéis chegaram ao Congresso. Eles não eram homogêneos, estando divididos em "conservadores" e "radicais ou reformistas". Não se pode esquecer que Carranza defendia posições nacionalistas e desejava um Poder Executivo forte, enquanto Obregón assumia uma postura declaradamente anticlerical.

Na cidade de Querétaro, celebrou-se o Congresso, que iniciou seus trabalhos em 1º de dezembro de 1916. A Constituição foi promulgada em 5 de fevereiro de 1917 e substituiu a Constituição liberal de 1857. Os reformistas venceram os debates e o texto máximo da nação apresentava uma perspectiva nacionalista e anticlerical, sendo a primeira constituição do mundo a colocar no texto normativo os direitos sociais e econômicos dos trabalhadores. Os avanços sociais inscritos na Constituição precisam ser entendidos como resultado direto da Revolução, pois enquanto ela estava sendo discutida, contavam-se 50 mil homens armados que ainda não haviam se submetido a Carranza.

Alguns dos artigos constitucionais ganharam notoriedade por sua inovação radical. O artigo 123 garantia os direitos dos trabalhadores, entre os quais estavam a jornada de oito horas, descanso obrigatório aos domingos, direito de associação em sindicatos e de organização de greves, limitação do trabalho feminino e infantil e, ainda, a necessidade de um salário mínimo para a sobrevivência digna do trabalhador. O artigo 3 determinava que a educação seria obrigatória e laica, retirando da Igreja essa tarefa fundamental. O 27 estabeleceu uma legislação agrária que conferia ao país o pleno controle sobre as riquezas do subsolo e sujeitava a propriedade privada aos interesses públicos, permitindo, desse modo, as expropriações de latifúndios e abrindo a possibilidade para que houvesse uma extensa reforma agrária. A Constituição também retirou, pelo artigo 130, amplos privilégios das Igrejas em geral e da Católica em particular, já que esta era hegemônica. O casamento passou a ser um contrato civil, da mesma maneira que os registros de nascimento e de óbito. Os ministros dos cultos passaram a ser considerados pessoas que exerciam uma profissão como outra qualquer. Todos deviam ser mexicanos de nascimento e estar totalmente apartados das questões de ordem política. Por fim, estava completamente proibida a reeleição do presidente da República.

A promulgação da Constituição não significou a pacificação do país. Como já foi dito, havia 50 mil homens armados e as lideranças de Zapata e de Villa continuavam vigorosas. Mas eles estavam isolados. A Constituição abrira a possibilidade de atender, pelo menos em parte, às reivindicações camponesas e a promover a reforma agrária. Os direitos dos trabalhadores passavam a estar garantidos pela lei.

Carranza estava determinado a aniquilar seus principais inimigos. O general Pablo González foi encarregado de acabar com o movimento zapatista em Morelos. Ele concluiu que a maneira mais eficaz para pôr fim a esse grupo era eliminar seu principal e respeitado líder. Como consequência, foi armada uma emboscada. Zapata foi chamado para negociar a paz com a condição de se apresentar sozinho ao general. Lá chegando, em 10 de abril de 1919, aos 40 anos, Emiliano Zapata foi assassinado por soldados gonzalistas. Esse líder, que nunca aceitou fazer acordos que ferissem seus princípios e seus compromissos com os camponeses, transformou-se, após a morte, em figura lendária. Diziam seus seguidores que ele não havia morrido e que rondava a cavalo os *pueblos* dos mais necessitados. O novo movimento camponês surgido em 1994, no estado de Chiapas, guardará seu nome: Exército Zapatista de Libertação Nacional.

O mesmo fim teve Pancho Villa. Ele estava retirado das lides militares fazia algum tempo e vivia em uma fazenda em Parral, no estado de Chihuahua. Caiu vítima de uma emboscada, quando se dirigia de carro de Parral para sua casa. Foi fuzilado, em 20 de julho de 1923, aos 45 anos. As razões de seu assassinato nunca foram inteiramente esclarecidas, mas parecem estar relacionadas com questões de disputas políticas locais.

As desavenças políticas entre Carranza e Obregón vinham se acumulando. Depois de promulgada a Constituição, Obregón, que era ministro da Guerra e que havia sido o líder da ala política radical da Constituinte, renunciou a seu cargo, fazendo públicas suas divergências com o presidente. As negociações que antecederam a indicação do nome do candidato que deveria substituir Carranza na presidência da República ficaram cada vez mais tensas. O líder do Executivo foi se isolando e se indispondo com os generais que sempre o acompanharam. A situação ficou insustentável e ele foi obrigado a deixar a Cidade do México e retirar-se para Vera Cruz. Próximo dessa cidade, Venustiano Carranza foi assassinado, enquanto dormia, no dia 21 de maio de 1920. Os mandantes do crime nunca foram encontrados.

Ao final de 10 anos, a Revolução deixava um saldo de quase 1 milhão de pessoas desaparecidas, numa população que, em 1910, contava com 15.160.000 habitantes. As mortes foram provocadas pelas armas, mas também por doenças como o tifo, a febre amarela e a chamada gripe espanhola de 1918.

Álvaro Obregón assumiu, enfim, em 1920, a presidência do México. Era preciso envidar todos os esforços para construir a unidade do país. Para tanto, educação e cultura passaram a ser as armas da paz para manter o país coeso. Para a Secretaria da Cultura, foi indicado José Vasconcelos, que moldou um projeto com objetivos definidos. De imediato, pôs em marcha uma campanha contra o analfabetismo, mobilizando professores que se deslocaram para escolas rurais no interior do país para ensinar os camponeses indígenas e mestiços. A educação era entendida como missão e sua finalidade era formar cidadãos e incorporá-los à nação. Devido à escassez de livros e de bibliotecas, Vasconcelos decidiu traduzir, editar e distribuir uma coleção que chamou de "Clássicos da Literatura". Ela se compunha, entre outras, de obras de Homero, Platão, Plutarco, Dante Alighieri, Goethe e o indiano Rabindranath Tagore. A América Latina estava representada por Justo Sierra e sua *História de México* e pela poetisa chilena Gabriela Mistral com o texto *Leitura para mulheres*.

José Vasconcelos criou, na Secretaria de Cultura, o Departamento de Belas-Artes com a finalidade de promover e difundir as artes. Essa proposta foi muito bem-sucedida e lhe deu grande visibilidade nacional e internacional. Foi um encontro entre o patrocínio do Estado e o talento dos conhecidos muralistas: Diego Rivera, José Clemente Orozco e David Alfaro Siqueiros. Vasconcelos encomendou muitos trabalhos a eles, incluindo os murais do prédio da sua própria Secretaria de Educação. Assim, eles produziram obras que se tornaram emblemáticas da cultura mexicana. Os muralistas estavam imbuídos de um forte nacionalismo e pretenderam contar para o povo a História do México, por intermédio da pintura. Exaltaram a luta revolucionária e promoveram o culto dos heróis, acreditando na eficácia didática dos murais.

A Revolução Mexicana, como vimos, pode ser vista e entendida a partir de vários aspectos. Muitos historiadores quiseram explicá-la, dando-lhe uma denominação conceitual ampla. Para alguns, ela foi uma revolução burguesa, pois provocou a modernização do capitalismo; outros encontraram traços de socialismo e anarquismo, especialmente na atuação dos revolucionários irmãos Flores Magón; também há aqueles que a pensaram como uma revolução inconclusa que deveria se completar no futuro. Em nossa exposição, não estivemos preocupadas em rotular a Revolução Mexicana. Insistimos em mostrar suas complexas particularidades, entre as quais, a participação de distintos setores da sociedade com ênfase na presença camponesa. Indicamos que as questões da política – como a decidida defesa da não reeleição e de eleições sem fraude – foram centrais para desencadear o movimento que derrubou o governo autoritário de Porfírio Díaz. Os camponeses de Zapata lutaram pela devolução de suas terras usurpadas e pela volta do sistema de terras comunais. Villa pretendia que se fizesse um grande reforma agrária. Carranza e Obregón propuseram a modernização do Estado com uma olhar nacionalista e anticlerical. A Constituição de 1917, resultado direto do conflito armado, se caracterizou por ser nacionalista fazendo do Estado o proprietário das riquezas naturais do país. Consagrou os direitos dos trabalhadores e contemplou a reforma agrária. O anticlericalismo também foi sua marca registrada. Terminada a guerra civil, os revolucionários patrocinaram a educação e as artes com o objetivo de promover a unidade do país, de maneira nunca efetivada anteriormente.

Em suma, a Revolução provocou muitas mudanças no país e teve repercussão continental, como veremos no capítulo "Políticas de massas e reformas sociais".

Novos atores em cena: inquietações na política e na cultura

A Revolução Mexicana, como vimos, se estendeu por um longo período e produziu um impacto significativo sobre o pensamento e a ação de diversos intelectuais e políticos latino-americanos. Mais adiante, apresentaremos essa questão com mais vagar. Igualmente, durante as primeiras décadas do século XX, houve mudanças econômicas e sociais relevantes no mundo ocidental. A Primeira Guerra Mundial (1914-1918) e a grande crise de 1929, que se seguiu à quebra da Bolsa de Nova York, produziram desdobramentos sobre todas as regiões do globo, alterando as relações internacionais de poder. A Grã-Bretanha perdeu seu lugar hegemônico, abrindo espaço para a nova potência, os Estados Unidos, fato que repercutiu fortemente no mundo latino-americano.

Depois da Primeira Guerra, os maiores países da América Latina iniciaram um lento processo de industrialização, ainda que a produção agrária e de minérios brutos permanecesse sendo dominante em sua costumeira rota dirigida à exportação. Os imigrantes continuavam a chegar à América do Sul vindos da Itália, Espanha, Europa Central (entre os quais havia um número expressivo de judeus) e, no caso do Brasil, de Portugal e Japão.

A população ainda vivia em sua maioria no campo, mas algumas grandes cidades já firmavam sua presença, ostentando os símbolos da modernidade com altos edifícios, carros, bondes, telefone e iluminação elétrica nas ruas. Buenos Aires, onde o metrô fora inaugurado em 1913, possuía por volta de 2 milhões de habitantes em 1930; a Cidade do México, que passara por uma ampla reforma urbana no começo do século, passava de 1 milhão de pessoas em 1930; do mesmo modo, o Rio de Janeiro, também reformado, tinha mais de 1 milhão em 1920. Mas outras cidades menores já despontavam como futuras metrópoles, tais como Santiago do Chile, Montevidéu, Bogotá, Lima e a brasileira São Paulo.

A grande concentração de operários nos centros urbanos produziu um efeito social previsível. Organizados em sindicatos, os trabalhadores tomavam as ruas, expressando sua insatisfação e apresentando suas reivindicações. Por toda a América Latina, os sindicatos, em geral, se pautavam por diretrizes socialistas, anarquistas e comunistas (estes últimos apenas a partir da década de 1920). Tais manifestações assumiam, muitas vezes, posturas radicais, que tinham respostas repressoras imediatas por parte dos governos.

Na Argentina, o movimento operário estava bem estruturado e a ação dos sindicatos se mostrava bastante forte. Tomemos dois momentos emblemáticos que evidenciavam a determinação dos operários. Em novembro de 1909, o comandante da polícia, coronel Ramón Falcón, foi assassinado por um anarquista de nome Simón Radowitzky. Esse ato foi a resposta ao massacre promovido pelo Coronel contra uma manifestação dos anarquistas, no dia 1º de maio daquele ano, na qual morreram 12 trabalhadores e 80 outros ficaram feridos. Depois desse episódio, a política de repressão aos sindicatos defendida pelo governo se intensificou.

Também em Buenos Aires, dez anos depois, ocorreu a tristemente chamada "Semana Trágica". Por que recebeu esse nome? Tudo começou com uma greve decretada em 2 de dezembro de 1918, em uma fábrica metalúrgica, a Pedro Vasena e Filhos. Os operários pediam aumento salarial e melhores condições de trabalho. A resposta da empresa foi negativa seguida de demissões de alguns líderes. Os ânimos estavam tensos e o aparato policial foi reforçado nas vizinhanças da fábrica por todo o mês de dezembro. Da tensão ao choque foi um passo. Dos confrontos entre policiais e trabalhadores, resultou a morte de um policial e de quatro operários. A decisão dos sindicatos – os acontecimentos tinham angariado a solidariedade de trabalhadores de outras empresas – foi a de organizar uma greve geral, em 9 de janeiro de 1919. Ao mesmo tempo, era preciso enterrar os quatro operários mortos. Porém, na chegada ao cemitério, foram surpreendidos pela polícia que os estava esperando. O violento embate terminou com pelo menos 20 operários mortos.

A "Semana Trágica" ocorreu durante o primeiro governo de Hipólito Yrigoyen, da União Cívica Radical (1916-1922), que havia chegado ao poder depois da lei de 1912, que introduziu o sufrágio masculino universal no país. Como um partido de oposição aos conservadores, propunha uma política de não repressão com relação aos trabalhadores. Entretanto, 1919 foi o ponto de inflexão nessa diretriz. Mas para as elites mais conservadoras, Yrigoyen não era um "homem de confiança". E, assim, a greve foi entendida, pelas classes dirigentes e médias, como uma conspiração comunista "russo-judaica" contra a ordem estabelecida. A reação do governo foi considerada muito moderada. Desse modo, organizaram-se grupos paramilitares para castigar os "desordeiros". No mesmo mês de janeiro, fundou-se a Liga Patriótica Argentina por iniciativa de alguns clubes "aristocráticos" como o Jockey Clube. Os imigrantes foram identificados como "subversivos" que precisavam ser contidos: russos e judeus eram vistos como comunistas e catalães como anarquistas. Os bairros onde eles viviam passaram a ser vigiados por integrantes da Liga, que promoverem constantes atos de violência contra eles.

Do outro lado dos Andes, em um pequeno porto do Chile, os trabalhadores mineiros foram protagonistas de outro evento a ser lembrado.

A região de Tarapacá, no norte do Chile – território peruano incorporado ao país depois da vitória chilena na Guerra do Pacífico – era rica em salitre. Os mineiros sobreviviam com extrema dificuldade, pois os salários eram muito baixos. Em 10 de dezembro de 1907, uma greve geral inspirada pelas ideias anarquistas foi decretada em toda a província de Tarapacá. Os grevistas estavam determinados a não ceder, e o governo também não transigia. Sem solução à vista, os trabalhadores decidiram se reunir em Iquique, capital da província. Mas o comandante das operações, o general do exército, Roberto Silva Renard, em 21 de dezembro, deu um ultimato aos grevistas, que estavam reunidos no prédio da Escola Santa Maria, em uma praça da cidade. Eles deveriam voltar ao trabalho em uma hora por bem ou por mal. Diante da recusa dos líderes, que estavam em vigia no telhado da escola, os soldados atiraram e seus corpos caíram na praça. Ao ver essa cena, muitos em desespero correram em direção aos mortos, e as mulheres e crianças ficaram dentro do prédio da escola. Entretanto, os soldados atiraram naqueles que ainda se encontravam na praça e, em seguida, entraram na escola onde fuzilaram mulheres e crianças. A reação do governo foi abafar o caso. Os corpos das vítimas foram enterrados em vala comum. O terror fora instalado. O relatório oficial do general Silva Renard procurava esconder a dimensão do massacre e afirmava que tinham desaparecido 140 pessoas. Embora até o presente não se conheça o número exato de mortos, a estimativa aproximada e confiável é a de que 2.200 indivíduos perderam a vida em Iquique.

As ideias socialistas e anarquistas em suas diversas correntes foram muito importantes na organização dos sindicatos de trabalhadores até os anos 1920. Nessa década, os comunistas entraram em cena fundando partidos que tiveram papel relevante no cenário político latino-americano nos anos seguintes. Em praticamente todos os países da América Latina, os partidos comunistas nasceram nesse período – Argentina, 1918; Brasil, 1922; Cuba, 1925; Colômbia, 1930; Peru, 1930. Eles estavam filiados à Terceira Internacional Comunista, cuja sede estava em Moscou, e que congregava os partidos comunistas de todo o mundo, determinando diretrizes políticas gerais que deviam ser acatadas.

Trabalhadores das minas de salitre, em Santa María de Iquique, Chile. A atividade estimulou, na passagem do século XIX ao XX, a migração populacional para o deserto do Atacama, produzindo formas de vida insalubres.

Uma das bandeiras políticas dos comunistas na América Latina foi a do anti-imperialismo. A Internacional Comunista, no início de 1925, criou na Cidade do México a Liga Anti-imperialista das Américas, que congregava filiados de vários países latino-americanos. Sua atuação, que tinha por objetivo promover a revolução socialista no continente, foi modesta, tendo sobrevivido por uma década. De todo modo, ela é sintomática de como a perspectiva anti-imperialista contra o poder expansionista dos Estados Unidos espalhou-se pela América Latina.

A perspectiva anti-imperialista, para os críticos dos Estados Unidos, se justificava pelas ações intervencionistas do governo norte-americano na América Latina, em especial no Caribe e na América Central. A entrada, em 1898, dos fuzileiros navais norte-americanos na guerra pela independência de Cuba e sua rápida vitória sobre as tropas espanholas foi entendida pelos contemporâneos como marco importante da virada da política externa dos Estados Unidos em relação ao resto do continente. Cuba transformou-se em "protetorado" norte-americano nos primeiros anos pós-independência. Nas primeiras décadas do século XX, o país do norte pôs em marcha algumas outras intervenções armadas no Caribe e América Central: novamente em Cuba (1906-1909; 1917); no Haiti (1915-1934); na República Dominicana (1916-1924); na Nicarágua (1912-1925; 1926-1933). De forma semelhante, o resultado das negociações em torno da abertura do Canal do Panamá, envolvendo Estados Unidos e Colômbia, despertou a apreensão de certos círculos políticos hispano-americanos.

O Canal do Panamá foi inaugurado no dia 15 de agosto de 1914, ligando o oceano Atlântico ao Pacífico. Com sua abertura, as distâncias comerciais se encurtaram, pois os navios vindos da Europa não mais precisavam contornar toda a América do Sul, atravessando o perigoso Estreito de Magalhães, para chegar aos portos do Pacífico.

A busca por uma passagem marítima na região da América Central se fazia desde a metade do século XIX. Nesse período, a Grã-Bretanha, a França e os Estados Unidos trabalhavam com hipóteses possíveis para abrir um canal no Panamá ou na Nicarágua. Símbolo desse objetivo foram dois tratados. O primeiro de 1846, entre a Colômbia (o Panamá era, à época, território colombiano) e os Estados Unidos, dava garantias para que os Estados Unidos tivessem livre acesso para a realização de um canal na região. Mas os colombianos teriam o direito de controle sobre a área. Em 1850, o segundo tratado – Clayton-Bulwer – determinava que os Estados Unidos e a Grã-Bretanha deveriam cooperar entre si para a construção de um provável canal cruzando a Nicarágua, e enfatizava que nenhum dos dois países poderia pôr esse plano em ação sem o mútuo consentimento.

Em 1878, Ferdinand Lesseps, o famoso engenheiro francês responsável pela abertura do Canal de Suez em 1869, ligando as águas do mar Mediterrâneo às do mar Vermelho, decidiu abrir um canal no istmo de Panamá. Levantou o capital necessário e obteve o consentimento do governo da Colômbia. Entretanto, seu empreendimento foi um terrível fracasso. Enfrentou problemas técnicos insuperáveis – tipo de terreno, relevo e clima – que levaram sua empresa à falência. Por outro lado, a malária e a febre amarela mataram aproximadamente 20 mil trabalhadores.

O presidente Theodore Roosevelt acreditava que os norte-americanos tinham conhecimento técnico para abrir o canal. Assim, negociou com o governo colombiano um tratado pelo qual o país cedia aos Estados Unidos, durante 99 anos, o direito de administrar o canal e outorgava uma faixa de terra de 10 km em torno dele, recebendo o pagamento de 10 milhões de dólares e uma renda anual de 250 mil dólares. Entretanto, o parlamento colombiano por unanimidade não aceitou tal proposta.

Diante dessa derrota, o governo Roosevelt lançou mão de outra estratégia. Incentivou e financiou um pequeno grupo de nacionalistas panamenhos para que concretizassem a separação do Panamá do território colombiano. A independência do novo país centro-americano ocorreu em 3 de novembro de 1903, com a presença da canhoneira U.S.S. Nashville, em águas panamenhas, impedindo toda e qualquer reação colombiana. Em retribuição, em 1904, os panamenhos assinaram o tratado anteriormente previsto, dando início a uma nova etapa na construção do canal. Um feito importante durante esse período foi a erradicação da febre amarela, que foi possível pelos estudos feitos pelo médico cubano, Carlos Finlay. Ele descobrira que a transmissão da doença se fazia por mosquitos transmissores e não por meio da água, como sempre se pensara.

O êxito da construção do Canal do Panamá foi amplamente saudado como uma vitória do homem sobre a natureza e como a concretização de um extraordinário feito da tecnologia moderna. Os norte-americanos cederam aos panamenhos a administração total do canal, em 31 de dezembro de 1999. Cumpriam, assim, um novo acordo – assinado em 1977 pelos então presidentes Omar Torrijos e Jimmy Carter –, que havia sido alcançado depois de insistentes solicitações panamenhas.

A Nicarágua se constitui em outro bom exemplo da atuação do governo norte-americano no período. No pequeno e pobre país, os integrantes dos partidos Liberal e Conservador disputavam o poder político num Estado bastante frágil institucionalmente. Em função de uma disputa entre os dois partidos, os fuzileiros navais norte-americanos desembarcaram na Nicarágua em 1912, recebendo o apoio dos conservadores. A presença das tropas foi acompanhada por uma série de outras medidas, como o controle por parte dos Estados Unidos das alfândegas, do Banco Nacional, das estradas de ferro e das linhas de vapores do governo. Imediatamente após o desembarque das forças norte-americanas, a Nicarágua assinou um tratado que concedia aos Estados Unidos o direito perpétuo de abertura de um canal interoceânico em suas terras.

Na metade da década de 1920, irrompeu uma rebelião dos grupos liberais contra os conservadores em razão de disputas pela presidência do país; porém, eles logo chegaram a um acordo político, tendo recebido o aval dos norte-americanos. Entretanto, um pequeno exército popular liderado por Augusto César Sandino, que lutava ao lado dos liberais, se recusou a depor as armas. Defendendo uma posição nacionalista e anti-imperialista, Sandino colocou como condição para encerrar o conflito que os ianques deixassem imediatamente a Nicarágua. A situação era de impasse, pois o governo não conseguia derrotar os sandinistas e estes não tinham condições de vencer os adversários. Finalmente, os fuzileiros navais partiram da Nicarágua em 1933. Num aparente reconhecimento de sua força política, Sandino foi chamado a Manágua para negociar os termos de paz. O resultado não foi o esperado. Anastazio Somoza, o comandante da recém-criada Guarda Nacional e futuro ditador do país, preparou uma emboscada para o líder popular. Ele foi assassinado em 21 de fevereiro de 1934, seu pequeno exército foi dizimado e seus arquivos desapareceram depois de terem sido confiscados por Somoza.

Em outros países da América Latina, os debates políticos sobre as questões em torno do anti-imperialismo se mostraram vigorosos. Foi assim no Peru onde, na década de 1920, duas importantes figuras – José Carlos Mariátegui e Victor Raúl Haya de la Torre – mostraram suas divergências sobre o tema.

Considerado o primeiro importante pensador socialista da América Latina, José Carlos Mariátegui nasceu em 14 de junho de 1894, numa pequena cidade do interior do Peru. Filho de uma família de poucos recursos, aos 8 anos teve um acidente na escola que lhe deixaria para sempre uma anquilose na perna esquerda. Aos 15 anos, começou a trabalhar no jornal de Lima *La Prensa*. De ajudante de linotipista transformou-se em articulista de jornais e revistas. Não teve uma formação universitária formal, mas, como bom autodidata, acumulou uma sólida cultura humanista.

Em 1918, sua preocupação com os problemas sociais despontava com o apoio público aos estudantes que defendiam a reforma universitária e aos operários que faziam reivindicações (ver box "Reforma universitária de Córdoba de 1918"). Em 1919, o presidente Augusto B. Leguía lhe concedeu uma bolsa de estudos – provavelmente como forma de livrar-se de sua pena crítica – para ir à Europa. Conheceu alguns países, mas passou a maior parte do tempo residindo na Itália. Ali estudou e leu muito, conviveu com intelectuais e políticos liberais e socialistas e assistiu tanto à fundação do Partido Comunista Italiano quanto à ascensão de Mussolini ao poder. Também lá se casou com Ana Chiappe. Deixou um testemunho interessante da sua estada no exterior. Foi na Europa, escreveu ele, que "se sentiu americano", que encontrou o Peru que ele havia deixado e no qual havia vivido até aquele momento de forma "estranha e ausente".

REFORMA UNIVERSITÁRIA DE CÓRDOBA DE 1918

O movimento da reforma universitária se iniciou, em 1918, na Universidade de Córdoba. Nesse período, havia outras quatro universidades na Argentina: Buenos Aires, La Plata, Santa Fé e Tucumán.

A Universidade de Córdoba foi fundada em 1613 pelos jesuítas. Mesmo passando por mudanças, a universidade manteve estruturas de poder bastante fechadas, um ultrapassado currículo escolar e práticas universitárias pautadas por um catolicismo conservador.

O movimento pela reforma se desencadeou a partir de uma reivindicação dos alunos de Medicina que protestavam, no começo do ano letivo, contra a extinção do regime de internato no Hospital Nacional de Clínicas, e acabou por tomar proporções nacionais, com repercussões importantes na América Latina.

O Manifesto da Reforma foi lançado em 21 de junho de 1918 e ficou conhecido com o nome de Manifesto Liminar. Inicia-se com as seguintes palavras: "Homens livres de uma república livre, acabamos de romper a última cadeia que, em pleno século XX, nos atava à antiga dominação monárquica e monástica." Escrito por Deodoro Roca, ex-aluno e membro de família tradicional cordobesa, propunha um "conteúdo americano" para insuflar "caráter, espírito, força interior e própria à alma nacional", e exigia que se reconhecesse o direito de os alunos exteriorizarem seu pensamento nos corpos universitários por meio de seus representantes, pois estavam cansados de "suportar os tiranos".

> Advogavam cátedras livres, com concursos baseados na "meritocracia" e não em manipulações e mecanismos clientelistas; queriam a cogestão, com mecanismos eletivos para as autoridades e efetiva participação dos professores e estudantes. Além disso, atacavam o chamado "enciclopedismo", criticavam o positivismo e a simples formação de "profissionais", indicando como função básica da universidade a realização de pesquisas e a produção do conhecimento.
>
> Os reformistas não tinham força política suficiente para garantir a implementação de suas propostas de mudança. Lutas internas terríveis cindiram o claustro da Universidade de Córdoba.
>
> O ano de 1918 assistiu a avanços e recuos dos reformistas que também sofreram divisões políticas incontornáveis. As propostas da reforma alcançaram, com maior ou menor impacto, as demais universidades argentinas.
>
> De todo modo, a reforma teve um poderoso impacto político em todo o país, e também na América Latina, permanecendo na memória universitária como um marco histórico anunciador de outro tempo. Como afirmam María Caldelari e Patricia Funes, há determinadas questões como a democratização da gestão universitária, a modernização das práticas docentes e a perspectiva de que a universidade tem compromissos com a produção de conhecimento e sua difusão social, que estão associadas indissoluvelmente ao movimento da Reforma.

De volta à terra natal, em 1923, assumindo-se como marxista, participou ativamente dos grandes debates político-ideológicos peruanos. No ano seguinte, teve que amputar a perna em virtude dos problemas de infância. Mas continuou suas atividades literárias e políticas, criando, em 1926, a revista *Amauta* (que significa *sábio* em quéchua), na qual importantes intelectuais publicaram textos sobre arte, literatura e política. Foi um dos fundadores, em 1928, do Partido Socialista Peruano.

O conjunto de textos mais conhecido de Mariátegui intitula-se *Sete ensaios de interpretação da realidade peruana*, em que propõe uma análise materialista da História do Peru. Mas sua interpretação não se coadunava com os preceitos estritos do marxismo europeu. Em sua visão, no Peru, o operariado industrial era pouco numeroso, sendo necessário formar uma frente única com outros trabalhadores urbanos e rurais, mas também com os camponeses indígenas. Desse modo, conferiu a estes últimos um papel importante na luta pelo socialismo, pois as muitas rebeliões camponesas da história do Peru comprovavam, segundo ele, que o indígena não era apático e incapaz de se rebelar.

Mariátegui pensava as comunidades indígenas de maneira bastante original. A "questão da terra" e a "questão do índio" tinham sido criadas historicamente, estavam interligadas e deveriam ser resolvidas de forma conjunta. Escrevia Mariátegui: "No Peru atual coexistem elementos de três economias diferentes. Sob o regime da economia feudal, nascido na Conquista, subsistem ainda na serra alguns resíduos vivos da economia comunista indígena. Na costa, sobre o solo feudal, cresce uma economia burguesa que, pelo menos em seu desenvolvimento mental, dá a impressão de uma economia retardada."

Mariátegui foi um pensador heterodoxo que se recusou a seguir as interpretações ditadas pela III Internacional. Depois de sua morte, em 16 de abril de 1930, o Partido Comunista Peruano o colocou em completo ostracismo porque suas propostas não correspondiam à ortodoxia dominante. Suas ideias só foram recuperadas a partir da década de 1960, quando sua obra passou a ser estudada no Peru, na América Latina e na Europa.

O contemporâneo e grande antagonista político de Mariátegui foi Haya de la Torre. Os dois começaram a militar juntos, assumindo posições semelhantes em favor dos indígenas e contrárias ao imperialismo norte-americano. Ambos consideravam a questão indígena e o movimento indigenista centrais na América Latina. Haya propôs, embora sem êxito, chamar a América Latina de Indo-América. Com o passar do tempo, a distância entre os dois foi se ampliando. Mariátegui se assumia plenamente como marxista e Haya permanecia anti-imperialista. Romperam definitivamente em 1928.

Haya nasceu em 22 de fevereiro de 1895 em Trujillo, no norte do Peru. Frequentou a universidade de sua cidade natal e depois se transferiu para a Universidade de São Marcos de Lima. Como estudante, envolveu-se com as propostas da Reforma Universitária, sendo eleito, em 1919, presidente da Federação dos Estudantes do Peru. Participou das manifestações estudantis e operárias contra o governo de Augusto B. Leguía, que culminaram com grandes passeatas contrárias à sagração oficial do país ao Sagrado Coração de Jesus.

Em 1923, quando já era professor, foi preso por razões políticas e, depois de uma greve de fome, foi deportado para o Panamá. Começava seu exílio vivido, em sua maior parte, no México. Ali, influenciado pela Revolução Mexicana, decidiu criar, em 1924, a Aliança Popular Revolucionária Americana (APRA), partido que pretendia ser latino-americano e não simplesmente peruano. No manifesto de fundação apresentava o núcleo de seu programa, sendo o primeiro ponto a ação contra o imperialismo; defendia igualmente a nacionalização das terras e das indústrias, a unidade política da América Latina e a internacionalização do Canal do Panamá.

Em 1930, Haya voltou ao Peru e, no ano seguinte, candidatou-se à presidência da República pelo recém-formado Partido Aprista Peruano. Não se elegeu e nunca seria eleito presidente do Peru. Continuou atuando na política, ocupou cargos no legislativo, mas foi se afastando de suas ideias de juventude, tomando posições cada vez mais conservadoras. Morreu em Lima, no dia 2 de agosto de 1979.

Os debates em torno do lugar dos indígenas no cenário nacional peruano ganhavam importância com pesquisas de historiadores e antropólogos. Entre eles, Luis Eduardo Valcárcel (1891-1987) tem um lugar destacado. Estudou sistematicamente as culturas pré-hispânicas, valorizou o passado indígena e defendeu sua relevância para a formação cultural peruana. Também denunciou o estado de miséria em que vivia a maioria indígena do país.

Se Valcárcel estudava a cultura indígena antiga, nesse mesmo período, o filho de uma pobre família de camponeses indígenas de fala quéchua se transformaria em um extraordinário fotógrafo, Martín Chambi (1891-1973), internacionalmente reconhecido. Instalou seu estúdio em Cuzco, em 1923, fotografando, com técnica impecável, a sociedade peruana – desde camponeses indígenas até figuras da burguesia. Tendo viajado muito pelos Andes, deixou documentadas lindas paisagens e também ruínas incas.

Em outro registro, os movimentos negros reivindicaram seu lugar na história e na cultura latino-americanas, denunciando sua sistemática exclusão da esfera política e letrada. Importante enfatizar o encontro em Paris, no final da década de 1920, de um grupo de estudantes negros nascidos no mundo colonial francês, entre os quais se destacavam o caribenho Aimé Césaire, proveniente da Martinica, e o africano Leopold Senghor, vindo do Senegal. A consciência crítica com relação ao colonialismo e seus derivados – os sentimentos de inferioridade cultural e de submissão política – fizeram nascer um movimento que pretendia revalorizar a cultura africana dispersa pelo mundo. Enfrentando os preconceitos, elaboraram o conceito de *negritude*. Senghor repetiu muitas vezes que a negritude era o patrimônio cultural, os valores e sobretudo o espírito da civilização negro-africana, que se expressava por intermédio de traços como a emoção, o ritmo, a plenitude cósmica, o sentimento artístico. Na América Latina, esse debate ganhou vulto particularmente em Cuba e no Brasil, países com uma numerosa população de origem africana. A construção da identidade negra alimentou, nas décadas seguintes, reivindicações específicas dos direitos dos negros. Em Cuba, o antropólogo Fernando Ortiz e o poeta Nicolas Guillén foram figuras centrais que mergulharam nas tradições africanas, estabelecendo pontes entre o continente africano e o americano. No Brasil, revalorizaram-se a cultura e as religiões de origem africana e fundaram-se associações e periódicos de negros que se dedicavam à defesa de seus direitos políticos.

Especialmente a partir da década de 1920, as mulheres se constituíam em novas protagonistas no cenário político e cultural da América Latina. As lutas das sufragistas começavam a surtir efeito. No continente, o primeiro país a conceder o direito de voto às mulheres foi o Equador, em 1929; depois o Brasil, em 1932, e a Argentina, em 1947 (primeira eleição em 1952).

Nesse período, algumas mulheres se distinguiram como importantes artistas. Ao lado das brasileiras Anita Malfatti e Tarsila do Amaral, a pintora mexicana Frida Khalo teve seu trabalho reconhecido nacional e internacionalmente. Frida nasceu na Cidade do México, em 6 de julho de 1907, filha de um fotógrafo alemão e de mãe mexicana. Quando criança teve poliomielite e, aos 18 anos, sofreu um terrível acidente de ônibus que lhe deixou sequelas perenes. Além de quebrar a coluna vertebral em três partes, sofreu outras fraturas que lhe custaram uma longa convalescença e tratamentos extremamente dolorosos durante toda sua vida, incluindo mais de 20 cirurgias. Em virtude desses problemas de saúde nunca pode ter filhos, ainda que muito o desejasse.

Aos 22 anos, casou-se com o já muito famoso muralista Diego Rivera. Nessa época, já pintava com regularidade. As relações entre os dois foram sempre tempestuosos, pois ambos tinham temperamentos fortes e pretendiam manter uma relação amorosa "moderna", aberta a outros relacionamentos. Apaixonados pela pintura e pela política, militantes comunistas, participaram ativamente das questões culturais e políticas do México. Entre seus amigos estavam o surrealista André Breton e Leon Trotski – exilado no México entre 1936 e 1940, ano em que foi assassinado nesse mesmo país a mando de Stalin.

A saúde de Frida foi piorando, tendo ficado por um ano no hospital. Em 1953, teve uma perna amputada abaixo do joelho em função de uma gangrena. Morreu em 1954, aos 47 anos de idade.

Frida pintou cerca de 200 obras, a maioria das quais autorretratos em que expunha seu sofrimento físico. Também Rivera é tema constante em seus quadros. Frida, em vida, esteve sempre em lugar secundário frente ao marido. Mas a partir de 1970, sua obra foi muito valorizada e tornou-se conhecida internacionalmente.

Outra mulher de grande projeção nesse período foi a argentina Victoria Ocampo. Nascida em 7 de abril de 1890, era filha de uma rica família de origem aristocrática. Ela e suas cinco irmãs tiveram uma esmerada educação de acordo com sua situação de classe. Mas Victoria revelou-se bastante rebelde desde cedo. Casou-se, ainda que sem convicção, com Luis Bernardo de Estrada, também proveniente de uma família de sua classe social. Mas o casamento durou pouco mais de um ano. Viveram anos na mesma casa, habitando andares diferentes. A separação legal ocorreu em 1922. Victoria teve outros amores, como o diplomata Julián Martínez, com o qual viveu uma complicada história amorosa até o final da década de 1920. Assim, mostrava-se rebelde, desafiando as convenções sociais.

O campo tem um lugar relevante na história da cultura argentina por seu papel como mecenas. Sua grande criação foi a prestigiosa revista de cultura e literatura denominada *Sur*. Em 1º de janeiro de 1931, aparecia o primeiro volume da revista, que se estendeu até 1971. Nela, publicaram artigos intelectuais e escritores importantes de todo o mundo: Jorge Luis Borges, Adolfo Bioy Casares – aliás casado com sua irmã Silvina, também escritora –, Waldo Frank, Thomas Mann, André Malraux, Octavio Paz e Gabriela Mistral (os dois últimos receberam o Prêmio Nobel de Literatura). Em 1933, criou a editora Sur com a intenção de publicar autores argentinos e internacionais.

Em 1953, durante o segundo mandato de Juan Domingo Perón, Victoria Ocampo foi presa por 26 dias, acusada de atividades antiperonistas. Houve uma série de manifestações internacionais que exigiram sua libertação.

Suas atividades como escritora – entre seus livros estão os 10 volumes de *Testemunhos*, publicados a partir de 1935 – merecem também ser lembradas. Foi a primeira mulher a ser eleita para a Academia Argentina de Letras, em 1977.

Políticas de massas e reformas sociais

As décadas de 1940 e 1950 na América Latina são em geral caracterizadas como o período dos "regimes populistas". Não utilizaremos o conceito de populismo, porque ele nos parece demasiadamente genérico, eclipsando as particularidades nacionais. Preferimos trabalhar, acompanhando Maria Helena Capelato, com a perspectiva da presença de um Estado forte, comandado por um líder carismático, capaz de manter a ordem, no período em que as classes populares lutavam por ganhar espaço no cenário político e exigiam reformas sociais.

Pretendemos, neste capítulo, apresentar quatro situações nacionais bastante diversas. As mudanças internacionais ocorridas depois da Primeira Guerra e da crise de 1929 tiveram impacto nas sociedades latino-americanas, que também se transformaram, fazendo crescer os apelos das classes populares no campo e na cidade em busca de melhores condições de vida. Em alguns países, como o México e a Argentina, o Estado realizou reformas com as quais as classes populares obtiveram alguns benefícios. Em outros, como a Colômbia e a Guatemala, as propostas reformistas foram frustradas, impedindo alterações no quadro social estabelecido e produzindo uma reação de grande violência.

COLÔMBIA

No dia 9 de abril de 1948, Jorge Eliécer Gaitán, líder do Partido Liberal e defensor de propostas sociais reformistas, foi assassinado, no centro de Bogotá, às 13h. Esse acontecimento provocou uma convulsão social na Colômbia, que ficou conhecida como "A violência" e que perdurou por dez anos.

Para entender esse acontecimento, é necessário lembrar alguns aspectos da história da Colômbia. Desde o século XIX, foi organizado, no país, um sistema político bipartidário composto por liberais e conservadores. As disputas entre os dois partidos foram muito acirradas e provocaram a eclosão de várias guerras civis.

Esses embates partidários também estão no cerne dos eventos em torno da vida de Gaitán. Ele nasceu em 23 de janeiro de 1898, numa família de poucos recursos. Mesmo assim, conseguiu ter uma educação formal, preocupando-se, desde muito jovem, com as injustiças sociais. Integrou-se ao Partido Liberal, mas de volta à Colômbia depois de uma viagem à Europa, decidiu fundar, em 1933, um novo partido, a União Nacional de Esquerda Revolucionária (Unir), ligado às reivindicações de operários e camponeses. Rapidamente se decepcionou com a agremiação, pois seus candidatos receberam poucos votos nas eleições legislativas de 1935. Assim, Gaitán dissolveu a Unir e voltou às fileiras do Partido Liberal. Dono de impressionante oratória, seu prestígio e carisma fizeram dele um respeitado líder com inúmeros seguidores, levando-o a ocupar diversos cargos políticos nos governos liberais.

As almejadas reformas sociais se iniciaram timidamente com o governo liberal de Alfonso López Pumarejo (1934-1938//1942-1945). No seu primeiro mandato, a constituição colombiana conservadora de 1886 foi reestruturada. Entre outras mudanças, foi formulada uma política de equilíbrio entre patrões e trabalhadores, pela qual se reconhecia o direito de greve e a formação de sindicatos. A propriedade foi definida por sua função social, dando ao Estado o direito de fazer expropriações de terras, caso elas fossem consideradas de utilidade pública. Os ecos da Revolução Mexicana haviam chegado aos campos colombianos. Mas tais reformas não foram postas em prática pelo governo de López Pumarejo e os conservadores voltaram ao poder, frustrando as expectativas surgidas.

O discurso de Gaitán foi se radicalizando, acompanhando as demandas populares desgostosas com o desfecho das prometidas reformas. Passou a afirmar que a Colômbia não estava dividida entre liberais e conservadores, mas sim "entre oligarquia e povo, entre parasitas e produtores". Nas eleições de 1946, Gaitán foi o candidato indicado pelo setor de esquerda do Partido Liberal. Mas as forças mais conservadoras dentro do partido lançaram Gabriel Turbay como seu candidato "oficial". Com os liberais divididos, venceu o conservador Mariano Ospina Pérez, que pôs em prática uma política repressiva em relação aos movimentos sociais e aos integrantes do Partido Liberal.

As propostas reformistas de Gaitán recebiam a apoio crescente dos trabalhadores urbanos, dos estudantes e dos camponeses. Sua vitória nas eleições seguintes, de 1950, era dada como certa. Os ânimos partidários estavam acirrados. Então, consumou-se o assassinato de Gaitán, abatido a tiros, no começo da tarde do dia 9 de abril, quando saía do prédio onde tinha seu escritório. Pretendia encontrar-se com um grupo de estudantes cubanos, entre os quais estava o jovem ainda desconhecido Fidel Castro. Tinham eles uma intenção comum, a de marcar uma posição crítica em relação aos possíveis rumos da Conferência Pan-americana que se iniciara na véspera, em Bogotá. A desconfiança baseava-se no fato de o general George Marshall ser o chefe da delegação dos Estados Unidos e na sua velada intenção de fazer com que a política externa norte-americana fosse aceita pelos demais países da Conferência. A Guerra Fria com sua divisão do mundo entre capitalismo (EUA) e comunismo (URSS) estava se iniciando.

O assassinato de Gaitán provocou uma rebelião de dez horas na capital do país, que ficou conhecida como Bogotazo, em que entre 3 e 5 mil pessoas foram mortas ou feridas. A insurreição se espalhou pelo país, tornando a situação incontrolável. Como resposta, o presidente Ospina suspendeu as garantias constitucionais e fechou o Congresso em 1949. Mas as medidas autoritárias não surtiram efeito por muito tempo. "A violência" assolou a Colômbia até 1958, na capital e no interior, com os seguidores dos dois partidos se enfrentando continuadamente. O saldo desses confrontos impressiona. Não se tem uma estatística precisa do número de mortos nesses dez anos, mas estima-se que tenham sido entre 200 e 300 mil pessoas.

De acordo com o historiador colombiano, Antonio García, nesse período, a mobilização popular foi desarticulada e a ideologia anticomunista em sintonia com a doutrina norte-americana da Guerra Fria se impôs. Por outro lado, as bases populares e as lideranças do Partido Liberal foram duramente castigadas. Os governos conservadores, com o desenlace do golpe ditatorial do general Gustavo Rojas Pinilla (1953-1957), provocaram uma reação social radical com a formação de grupos guerrilheiros liberais (gaitanistas) e comunistas no interior do país, cuja atuação foi determinante nos últimos 30 anos do século XX na Colômbia. Dentre eles, o mais antigo, as Forças Armadas Revolucionárias da Colômbia (Farc), nasceu em 1966, com um programa comunista. Outros grupos de esquerda também surgiram, como o guevarista Exército de Libertação Nacional (ELN), provocando a criação de milícias de extrema-direita. Este longo conflito armado se deteriorou com o passar do tempo, levando as guerrilhas de esquerda a se aproximarem de grupos do narcotráfico e a praticarem sequestros que causaram fortes críticas nacionais e internacionais, os quais fizeram com que esses grupos perdessem sua legitimidade.

GUATEMALA

Ainda que muito pouco conhecida pelos brasileiros, a história da Guatemala se constitui em bom exemplo para se entender as questões referentes às reformas sociais latino-americanas, nas décadas de 1940 e 1950.

A população da Guatemala, predominantemente rural até o presente, está formada em sua maioria por indígenas de origem maia. Como os demais países da América Central, sua economia é modesta e se baseia na produção agrária de café, bananas e milho.

Desde o século XIX, o poder político esteve nas mãos de grupos fechados da elite – brancos ou mestiços –, que governaram de forma autoritária, impondo medidas discriminatórias em relação aos indígenas. Entre 1898 e 1920, o país foi governado, com mão de ferro, pelo ditador Manuel José Estrada Cabrera, do Partido Liberal. A entrada da empresa norte-americana United Fruit Company na Guatemala foi feita com seu incentivo. Essa companhia passou a ter muito poder, intervindo diretamente nas decisões políticas que, naturalmente, serviam a seus interesses econômicos. Todas as manifestações de oposição foram sumariamente reprimidas.

Depois de uma trégua democrática, a Guatemala voltou a ter um regime ditatorial, o de Jorge Ubico (1931-1944), político com formação militar que fundou, em 1926, o Partido Libertador Progressista. Eleito pelo voto, assumiu rapidamente poderes ditatoriais e perseguiu todos que se opuseram a ele. Os "inimigos" podiam estar dentro de seu próprio partido ou serem seus opositores, entre os quais se destacavam os comunistas. Favoreceu os interesses das companhias estrangeiras, entre elas, a já conhecida United Fruit Company, para a qual ofereceu mais terras. Concedeu, tanto às companhias *bananeras* quanto aos fazendeiros de café (muitos deles, alemães), uma licença legal para matar aqueles que fossem considerados como "desordeiros". Para "modernizar" o país, Ubico mandou construir estradas com mão de obra indígena submetida a trabalho forçado.

O regime repressivo do ditador, que se considerava um novo Napoleão, provocou grande insatisfação que desembocou numa insurreição liderada por profissionais e intelectuais de classe média e jovens oficiais do exército. Em 1º de julho de 1944, Ubico foi obrigado a renunciar e uma Junta assumiu o governo.

Como essa Junta não colocou em marcha as propostas de mudanças, em outubro do mesmo ano houve nova insurreição. Em seguida, aconteceram as eleições para a presidência. Em março de 1945, tomou posse o professor de

Filosofia, Juan José Arévalo, à frente de uma coalizão mais à esquerda, o Partido de Ação Revolucionária. Ainda que de maneira tímida, tentou-se modernizar a estrutura agrária nacional, implementar algumas leis trabalhistas, como a do salário mínimo, e ampliar as restrições referentes ao sufrágio universal.

Mas as reformas tomaram vulto no governo seguinte, o de Jacobo Arbenz, iniciado em 1951, e que havia sido ministro da Defesa de Arévalo. Militar de formação e com alguma simpatia pelo socialismo, a vitória de Arbenz assustou os proprietários rurais, as companhias estrangeiras e os Estados Unidos. Em 1952, o presidente pôs em prática uma Lei de Reforma Agrária, distribuindo terras para 100 mil camponeses. Terras não cultivadas e consideradas latifúndios foram expropriadas, incluindo propriedades do próprio presidente. As terras cultivadas das companhias estrangeiras foram poupadas, mas em contrapartida, Arbenz procurou montar uma estrutura econômica paralela no campo que poderia tirar o monopólio daquelas empresas.

No mesmo ano de 1952, o Partido Guatemalteco do Trabalho, nome dado pelos comunistas a seu partido, foi legalizado, causando preocupação aos grupos conservadores.

Em plena Guerra Fria, a tensão entre o governo dos Estados Unidos e o da Guatemala crescia. Arbenz levantava suspeitas crescentes por ter posto em prática reformas consideradas de "esquerda". Finalmente, o presidente Dwight Eisenhower autorizou a CIA a desencadear o golpe que teve o apoio irrestrito da United Fruit Company. Jacobo Arbenz foi derrubado e obrigado a renunciar em 27 de junho de 1954, exilando-se no México. Em seu lugar, foi indicado o coronel Carlos Castillo Armas.

Depois desse golpe, a Guatemala foi governada por mais de três décadas por militares, cuja atuação foi cada vez mais repressiva, tendo como alvo todos aqueles considerados inimigos do regime, desde os camponeses indígenas até os grupos guerrilheiros socialistas.

As Forças Armadas Rebeldes (FAR) foram o primeiro grupo guerrilheiro nascido em 1960, formado por jovens oficiais do exército, como consequência direta da insatisfação com o golpe perpetrado. Logo, se identificaram com posições socialistas assim como o outro grupo formado, na década seguinte, o Exército Guerrilheiro do Povo (EGP), que pretendia atuar fundamentalmente junto aos camponeses. Para combater as guerrilhas de esquerda, surgiram forças paramilitares de direita. Nessa guerra civil de 36 anos, morreram 140 mil pessoas, 40 mil estão desaparecidas e outras tantas milhares deixaram suas terras ou o país.

MÉXICO

Terminada a fase armada da Revolução Mexicana, a década que se seguiu foi ainda bastante conturbada. Um grande problema para os governos revolucionários foi o embate com a Igreja Católica. As determinações anticlericais da Constituição de 1917 despertaram insatisfação crescente entre os católicos. Mas a política de restrições de participação da Igreja na vida pública, rigidamente implementada pelo presidente Plutarco Elías Calles (1924-1928), precipitou a chamada Guerra Cristera (1926-1929), que pôs em confronto milícias católicas e as forças do governo.

Um acontecimento marcante do período foi o assassinato do líder da Revolução e candidato à presidência, Álvaro Obregón, por um jovem católico, José de León Toral. Ele o matou a tiros em um jantar, no dia 17 de julho de 1928. Foi imediatamente preso, julgado e condenado à morte por fuzilamento. Um acordo entre a Igreja e o Estado que amenizava as restrições anteriores só foi alcançado durante o governo seguinte de Portes Gil (1928-1930).

Em 1934, Lázaro Cárdenas chegou à presidência do México, como candidato do Partido Nacional Revolucionário (PNR), que havia sido criado em 1929, com o objetivo de aglutinar as forças políticas favoráveis à Revolução Mexicana. No governo, Cárdenas implementou uma série de reformas sociais que foram extremamente relevantes para todo o período posterior. Os efeitos da crise de 1929 – aumento do desemprego, êxodo rural, queda dos preços das produções minerais e agrárias – começavam a ser superados.

Cárdenas tinha se comprometido a pôr em prática o chamado "Plano Sexenal", elaborado por uma equipe do PNR em 1933, que propunha uma efetiva participação do Estado na organização e direção da economia. Pretendia-se estimular a economia nacional e colocar em prática as leis sociais inscritas na Constituição de 1917.

O México, à época, era predominantemente rural e, assim, a atuação mais abrangente do governo Cárdenas aconteceu no campo. O governo patrocinou, entre 1934 e 1940, uma ampla reforma agrária, distribuindo aproximadamente 18 milhões de hectares a 772 mil *ejidatários*. Anteriormente, a dotação de terras havia sido realizada de forma lenta; entre 1915 e 1934, foram entregues 10 milhões de hectares a 1 milhão de camponeses.

Os termos *ejido* e *ejidatários* formavam parte do novo vocabulário revolucionário. O termo *ejido* existia no período colonial e se referia apenas a uma parte dos *pueblos* que pertenciam às comunidades indígenas. No século XX, a Revolução Mexicana e a Constituição de 1917 deram outro sentido ao termo, colocando-o no centro da reforma agrária a ser realizada. Chamou-se *ejido* à propriedade da nação cedida em usufruto perpétuo e hereditário aos camponeses *ejidatários*. Esse processo de dotação de terras (sempre de pequenas dimensões), em que não há o ato de compra e venda, foi possível em virtude da expropriação de latifúndios e de distribuição de terras do Estado.

Cárdenas também procurou atender às reivindicações dos trabalhadores urbanos. Pela Constituição, os direitos operários estavam garantidos, tendo sido reforçados pela Lei Federal do Trabalho de 1931. Como Cárdenas se propunha a cumprir os preceitos constitucionais, considerava legais as greves, entendendo-as como armas legítimas de pressão dos operários para alcançarem melhores condições de existência. Durante seu governo, ocorreram inúmeras greves, sem que o Estado nelas interviesse ou as reprimisse. Em 1936, ano do auge das manifestações dos trabalhadores, houve 674 greves, envolvendo 113.885 trabalhadores.

Fotografia do presidente Lázaro Cárdenas, em maio de 1938, partilhando uma refeição tipicamente popular. Durante seu governo, muitas aspirações da Revolução Mexicana traduziram-se em políticas públicas.

Também promoveu a modernização e o crescimento do capitalismo no México, desenvolvendo um vasto programa de obras públicas e abrindo possibilidades para novos investimentos de capital. Criou bancos financiadores como o Banco de Fomento Industrial (1936), o Banco Nacional de Comércio Exterior (1937) e vitalizou o já existente Banco do México, constituindo um forte arcabouço financeiro para a dinamização da economia.

Em 23 de junho de 1937, o governo mexicano nacionalizou as estradas de ferro. Os interesses norte-americanos foram os mais afetados já que, desde o século XIX, a maior parte das ferrovias mexicanas não passava de um prolongamento daquelas dos EUA, pois visavam à exportação de matéria-prima nativa para o país vizinho do norte.

A nacionalização das empresas estrangeiras de petróleo – norte-americanas, inglesas e holandesas –, em 18 de março de 1938, e a criação da *Petroleos de México* (Pemex) tiveram impacto internacional. Esta foi uma decisão pioneira na América Latina, a de entregar ao Estado o monopólio da exploração do petróleo nacional. O processo havia se iniciado com reivindicações dos trabalhadores das empresas petrolíferas por melhores salários. Diante da negativa das companhias estrangeiras de atender às solicitações, o Estado interferiu, apoiando as exigências dos operários. Criado o impasse, a resolução radical foi a nacionalização de todos os bens das empresas, com indenização prevista para ser paga em um prazo máximo de 10 anos. A justificativa do governo foi de que o ato se fazia em prol da "utilidade pública e a favor da Nação". Ainda que tal medida tivesse recebido fortes críticas dos países envolvidos, não houve intervenção direta dos EUA, talvez pela iminência já anunciada da Segunda Guerra.

A política de massas do governo Cárdenas manifestou-se também na preocupação com a organização dos trabalhadores. Ele os reconhecia como interlocutores centrais de sua política revolucionária e queria convertê-los em elemento ativo a serviço da Revolução, organizando-os, sob a égide do Estado. Como afirmou Arnaldo Córdoba, Cárdenas modificava uma velha tradição dentro das fileiras revolucionárias que consistia em ver os trabalhadores como massa manipulável justamente por sua desorganização. Criou, assim, em 1935, a Confederação Nacional Camponesa (CNC) e, em 1936, a Confederação dos Trabalhadores Mexicanos (CTM), sindicatos que passaram a viver de subsídios do governo. Essas confederações se transformaram nas mais importantes organizações nacionais de trabalhadores, enquanto outras – como a antiga Confederação Regional Obrera Mexicana (CROM) – continuavam existindo, mas com pouca força e prestígio.

A transformação do PNR em Partido da Revolução Mexicana (PRM) realizada por Cárdenas, em 1938, se revestiu da maior importância, pois significou a corporativização do partido. O PRM foi dividido em quatro setores: o operário, o camponês, o popular e o militar (posteriormente desaparecido). Contava em 1938 com cerca de 4 milhões de membros, sendo o camponês o mais numeroso com 2,5 milhões de afiliados.

De acordo com seu projeto nacionalista, no qual a preservação da herança cultural indígena deveria ocupar importante papel, Cárdenas criou, em 1939, o Instituto Nacional de Antropologia e História (INAH), voltado para a preservação, proteção e pesquisa do patrimônio arqueológico, antropológico e histórico do México. Nessa mesma perspectiva, decretou o nascimento, em 1940, do Museu Nacional de História do México que guardaria os materiais do período colonial ao presente.

Tentou, sem êxito, implantar o que ele chamou de educação socialista. Pretendia alfabetizar os habitantes mais pobres das cidades e ampliar as chamadas "missões culturais" que levavam professores ao campo para ensinar as crianças das comunidades indígenas, buscando sua completa integração à nação.

O apoio das massas populares ao regime cardenista foi entusiasta e permanente. A mobilização social e a politização foram símbolos do seu governo. A partir de 1938, finda a fase de organização dos trabalhadores em centrais, e concluídas as mudanças no partido, as manifestações arrefeceram e os movimentos grevistas cessaram. O Estado passou a advogar a ideia de que alcançadas determinadas metas, era preciso defendê-las e conservá-las.

O governo de Cárdenas sofreu fortes contestações tanto de grupos econômicos poderosos – por suas políticas favoráveis aos trabalhadores – quanto dos católicos, ainda inconformados com a política laicizante do Estado. O movimento oposicionista mais atuante foi o sinarquismo. A União Nacional Sinarquista (UNS), criada em maio de 1937, caracterizava-se por ser católica, anticomunista, antiliberal e simpatizante do fascismo. Mas nunca teve força política e apoio social suficientes para desestabilizar o governo cardenista.

Os escritos de Cárdenas – dentre os quais estão seus muitos discursos – são uma fonte interessante para entendermos quais as premissas de seu governo. O presidente pretendia ser o "verdadeiro" tradutor das massas mexicanas, defendendo sua participação no jogo político e entendendo como fundamental seu papel na sociedade. As massas eram "o motor do progresso" de uma sociedade. Mas era imprescindível a atuação da "classe capitalista", responsável pelo crescimento da economia. Ao Estado cabia o importante papel de conciliador social, já que apenas ele possuía um interesse geral e podia subordinar os interesses privados às necessidades do progresso do país. As classes sociais deviam conviver dentro de um projeto comum de cooperação nacional garantido e protegido pelo Estado.

Cárdenas realizou uma política social favorável às aspirações camponesas e operárias, estimulou o crescimento do capitalismo, fortaleceu a estrutura do Estado e nacionalizou alguns setores da economia. Mesmo com uma retórica algumas vezes socializante foi moderado e conciliador. Essa política garantiu, por algum tempo, certa satisfação social, prevenindo o surgimento de grupos guerrilheiros, como aconteceu na Colômbia e na Guatemala.

Mas no ano de 1994, surgiu no estado de Chiapas um grupo armado, o Exército Zapatista de Libertação Nacional (EZLN), que colocou no cenário político novas reivindicações em torno da terra, da democracia e da defesa da cultura indígena.

O Partido da Revolução Mexicana mudou de nome, em 1946, para Partido Revolucionário Institucional, o conhecido PRI, que se manteve no poder até 2000, quando foi derrotado pelo candidato do Partido de Ação Nacional (PAN), de origem católica e de direita, fundado em 1939, como braço parlamentar dos cristeros (nome derivado do grito "Viva Cristo Rei!" que identificava os católicos rebelados contra o governo mexicano na Guerra Cristera).

ARGENTINA

Juan Domingo Perón e Eva Perón são figuras exponenciais da história política argentina do século XX. Eles despertaram sentimentos de amor e lealdade do mesmo modo que angariaram inimigos ferozes. A historiografia também apresenta interpretações em que transparecem a simpatia ou a rejeição ao fenômeno do peronismo.

Para entender a chegada de Perón ao poder, voltemos à década de 1930 na Argentina. O país tinha experimentado, até a crise de 1929, um período de grande prosperidade econômica, com seus principais produtos – os cereais e a carne – abastecendo os mercados europeus, em especial o da Grã-Bretanha. Mas o modelo agroexportador argentino sofreu um grande abalo com a Depressão que se seguiu à quebra da bolsa de Nova York.

O primeiro acontecimento político posterior à crise foi o golpe do general J. F. Uriburu, que derrubou o presidente Hipólito Yrigoyen pertencente à União Cívica Radical (UCR). Esse partido, surgido em 1891, congregava oposicionistas ao grupo fechado que dominou a política argentina desde a década de 1860. Defendia a bandeira da democracia, tinha um vago discurso nacionalista e algumas preocupações sociais. Depois da instituição do voto secreto masculino, em 1912, o partido chegou ao poder, em 1916, com a eleição de seu líder, Hipólito Yrigoyen. Em 1928, ele voltou à presidência, já com 76 anos. O golpe militar de 1930 representava a volta ao poder dos tradicionais interesses exportadores, descontentes com algumas medidas levemente nacionalistas do governo Radical.

A década de 1930 entrou para a História com o epíteto de "década infame". Tal denominação se deve à constatação das repetidas fraudes nas eleições que aconteceram após o golpe num arremedo de legalidade constitucional. A repressão também foi intensa com a prisão e tortura de seus adversários, entre os quais estavam comunistas, anarquistas e membros do Partido Radical.

O golpe militar de 4 de junho de 1943 pôs fim a esse período sem propor uma mudança substancial nas diretrizes políticas do país. Os golpistas declaravam publicamente que o movimento se fazia pela restauração da democracia. No entanto, numa declaração secreta, os chefes militares se afirmavam como antiliberais, nacionalistas e advogados da hegemonia argentina na América do Sul.

Os líderes do golpe estavam vinculados a uma espécie de *logia,* o Grupo de Oficiales Unidos (GOU), surgido em 1942 e que se caracterizava pelo nacionalismo e pela simpatia pelo nazifascismo. Ao final de 1943, o regime ditatorial deixava claro seu autoritarismo ao dissolver todos os partidos políticos e suprimir o laicismo escolar, tornando obrigatório o ensino religioso em função do apoio da Igreja Católica.

O então coronel Juan Domingo Perón integrava o GOU, atuando como eminência parda do regime de 1943. Depois do rompimento das relações diplomáticas com o Eixo em janeiro de 1944, houve uma mudança palaciana e o general E. J. Farrell assumiu o governo. Perón, ligado a Farrell, passou então a acumular o cargo da recém-criada Secretaria de Trabalho e Previdência com os de vice-presidente e ministro da Guerra.

Na Secretaria, Perón promoveu uma mudança decisiva na política social vigente até então. Elegeu os trabalhadores como interlocutores políticos e começou a pôr em prática medidas concretas que os beneficiavam. Concedeu aumentos salariais reais, instituiu o *aguinaldo* (uma espécie de 13º salário), criou tribunais de trabalho e unificou o sistema de previdência. No campo, a concretização do Estatuto do Peão, ainda que não alterasse substancialmente as relações entre patrões e empregados, foi um sinal de que o governo reconhecia sua existência e demonstrava preocupação com sua situação.

Com relação aos sindicatos mais combativos, politizados e independentes (anarquistas, socialistas e comunistas), Perón exerceu uma política que oscilou entre a cooptação e a repressão. Aqueles que resistiram acabaram sendo desarticulados.

Essa aproximação com os trabalhadores não agradou aos setores mais conservadores ligados aos golpistas, que pediram a destituição de Perón. As pressões sobre o grupo militar no poder aumentou e, depois de marchas e contramarchas, no dia 12 de outubro de 1945, Perón foi preso e enviado à ilha de Martín García.

No dia 17 de outubro, um acontecimento mudou os rumos do poder na Argentina. Desde cedo, trabalhadores foram tomando a Praça de Maio e, em frente ao palácio presidencial, aos gritos de "Perón, Perón", exigiam sua libertação. A partir dessa extraordinária manifestação popular, Perón foi solto e, às 23h, do balcão da Casa Rosada, falou para a multidão concentrada na praça. Já era então candidato à presidência da República nas eleições que ocorreriam em seguida.

Para sustentar sua candidatura, foi criado o Partido Laborista, com uma robusta base de trabalhadores. Seu programa propunha criar um imposto sobre a renda, recuperar as indústrias fundamentais, combater os latifúndios e ampliar as melhorias previdenciárias. Seus inimigos eram a minoria constituída por latifundiários, industriais, banqueiros e rentistas, isto é, todas as formas do grande capitalismo nacional e estrangeiro.

Nas eleições de 24 de fevereiro de 1946, apresentaram-se candidatos de duas coalizões partidárias. De um lado, a recém-formada União Democrática, que congregava o setor majoritário da UCR, socialistas, comunistas, lançou os nomes de José P. Tamborini e Enrique Mosca. De outro, além do Partido Laborista, a candidatura de J. D. Perón e J. H. Quijano recebeu o apoio da Igreja Católica, do Exército e de grupos conservadores nacionalistas.

Um episódio significativo ganhou importância na campanha eleitoral. O ex-embaixador norte-americano na Argentina, S. Braden, acusou Perón de antigas ligações com o nazismo, conclamando os democratas a tomarem posição contra o candidato. Ao invés de se defender da denúncia, Perón o atacou com a fórmula nacionalista: "Braden ou Perón", capitalizando a seu favor o repúdio à ingerência estrangeira nas eleições nacionais.

Perón/Quijano saíram vitoriosos por uma pequena margem de votos, obtendo 1.478.000 votos contra 1.212.000 da UD. A posse ocorreu no dia 4 de junho de 1946.

O primeiro período presidencial de Perón (1946-1952) foi favorecido pela situação econômica argentina, pois, durante a Segunda Guerra, o país havia acumulado divisas no exterior. Ao lado de estimular o crescimento econômico, o governo pôde oferecer aos trabalhadores aumentos de salários e outros benefícios sociais. Em fins de 1946, Perón anunciou o Primeiro Plano Quinquenal, que foi cumprido apenas em parte. A indústria argentina de alimentos, têxteis e metalurgia leve cresceu bastante nesses anos, mas não houve a criação de uma indústria de base como aconteceu no Brasil, por exemplo, com a Companhia Siderúrgica Nacional em Volta Redonda.

Logo depois de sua posse, Perón dissolveu o Partido Laborista e criou o Partido Peronista (PP). Este foi dividido em três setores: a ala masculina, a ala feminina, sob inspiração de Eva Perón, e a ala sindical, a CGT. O PP foi um canal de atrelamento dos sindicatos ao Estado, já que estes integravam a estrutura partidária. O número de sindicalizados cresceu muito. Em 1947, a Confederação Geral do Trabalho (CGT) tinha 1,5 milhão de filiados e, em 1951, essa cifra havia dobrado para 3 milhões.

Medidas nacionalistas foram tomadas, tais como a nacionalização de empresas elétricas, de telefonia e das estradas de ferro que, na sua maior parte, eram inglesas; também foi criada uma frota aérea do Estado, as Aerolíneas Argentinas. O petróleo não foi nacionalizado como no México e, posteriormente, no Brasil. A companhia nacional,

Yacimientos Petrolíferos Fiscales, fundada por Yrigoyen em 1922, continuou sua modesta existência com um campo de ação bastante restrito, ao lado das grandes companhias internacionais de petróleo. Todas as nacionalizações foram feitas mediante pagamento de indenizações.

O autoritarismo do regime peronista mostrou-se claramente em suas relações com a Corte Suprema, a universidade e a imprensa. Quatro dos cinco membros da Corte foram afastados a mando do Executivo por razões aleatórias. Na universidade, a perseguição aos antiperonistas foi muito forte. Um exemplo emblemático foi o da demissão do já afamado médico neurologista, Bernardo Houssay, da Universidade de Buenos Aires. Quando, em 1947, ele recebeu o Prêmio Nobel de Medicina – o primeiro recebido por um argentino e latino-americano na área de ciências –, houve um silêncio sepulcral da parte do governo.

Os meios de comunicação foram bastante cerceados pelo governo. A radiodifusão privada foi sendo silenciada, não havendo mais espaço para vozes dissonantes. Fecharam-se jornais e revistas de oposição e criaram-se restrições postais a jornais como *La Prensa* e *La Nación*, que também viram reduzidas suas quotas de papel de impressão.

Ao lado da repressão, Perón montou um impressionante sistema de propaganda política que alcançava todos os meios de comunicação – jornais, revistas, rádio, cinema –, assim como o ensino nas escolas – com a adoção de cartilhas escolares "peronistas". Impôs diretrizes nacionalistas à transmissão de música pelo rádio, exigindo que 50% fossem de composições argentinas. Do mesmo modo, controlou a produção cinematográfica incentivando filmes que mostrassem positivamente as mudanças causadas pelo peronismo.

Não se pode dissociar Perón de Evita. Ela foi figura central durante o primeiro governo peronista, fazendo o papel de intermediária entre o líder e as massas. Criou a Fundação Eva Perón, que passou a ser responsável por obras assistenciais efetivas. Ao lado dessa atuação assistencialista, Eva abriu um importante espaço político de atuação, chegando ao ponto de fazer discursos em ocasiões decisivas. Seu poder e carisma tornaram-se lendários. Sua atuação contribuiu para que o voto fosse estendido às mulheres nas eleições de 1952 (ver box "Eva Perón").

EVA PERÓN

Filha ilegítima de um fazendeiro com uma costureira, Maria Eva Duarte nasceu em Los Toldos, na província de Buenos Aires, em 1919. Pobre e discriminada na infância, buscou sublimação na pequena sala de cinema que frequentava e no encantamento pelas atrizes de Hollywood. Norma Shearer, em particular, inspirou as ambições e o estilo que mais tarde distinguiriam Evita como carismática líder do peronismo.

Aos 15 anos, deixou o lar materno para tentar a sorte como atriz em Buenos Aires. Suportou muitas negativas e humilhações até conquistar algum reconhecimento atuando em radionovelas. Conheceu Juan Domingo Perón em 1944, quando este era secretário de Trabalho e Previdência do governo do GOU. Nos episódios envolvendo a prisão do coronel, Evita organizou manifestações em sua defesa. Casaram-se em 1945, cinco dias após o lendário 17 de outubro, quando uma multidão reunida na Praça de Maio forçou o presidente Farrell a ceder, convocando Perón para discursar aos trabalhadores dos balcões da Casa Rosada.

Evita ocupou um lugar preponderante nas relações que o peronismo estabeleceu com a classe *obrera* na Argentina. Alçada à condição de primeira-dama com a eleição de Perón, assumiu a condução da Secretaria do Trabalho, passando a mediar os conflitos e as alianças com o meio sindical. Mobilizou potentes estratégias simbólicas para cativar a lealdade dos sindicatos e puniu os que mantiveram posições independentes.

Por meio da Fundação Eva Perón, dirigiu ações caritativas voltadas à criação de escolas, orfanatos e asilos, à promoção de campeonatos esportivos para crianças e jovens, à acolhida dos pedidos que lhe chegavam de camas em hospitais, máquinas de costura, brinquedos e outros favores. As cartilhas de primeiras letras adotadas nas escolas públicas reforçaram o culto à grande benfeitora, ensinando a máxima "Evita me ama". E, nos bairros populares, as mulheres foram incentivadas a organizar núcleos de ação social por meio dos quais construíam sua participação na esfera pública. Em 1947, a Argentina peronista instituiu o voto feminino.

No auge de seu prestígio, Eva Perón adoeceu. Faleceu em 26 de julho de 1952, aos 33 anos, de câncer no útero. Seu corpo foi embalsamado e exposto à visitação pública. Em 1955, após o golpe militar que derrubou o presidente, o cadáver foi roubado e levado a um cemitério na Itália. Foi mais tarde devolvido a Perón, então exilado na Espanha, e finalmente trasladado de volta a Buenos Aires, em 1975. Segue atraindo ao cemitério da Recoleta romeiros em busca de *santa* Evita.

A Constituição foi reformulação em 1949, permitindo a reeleição do presidente. Perón pretendia se candidatar novamente, ainda que, no final do mandato, houvesse grande tensão, com a sanção pelo Congresso do "estado de guerra interno", por causa de um levante militar frustrado contra o governo, em setembro de 1951. Essa sanção permanecerá até a queda de Perón em 1955.

Em 11 de novembro de 1951, Perón-Quijano foram reeleitos com 4.580.000 votos contra 2.300.000 sufrágios dos candidatos da chapa Radical oposicionista Balbín-Frondizi.

Perón defendia uma posição que ele denominou de "terceirista", isto é, advogava uma terceira posição, nem capitalista nem socialista. Com esta visão pretendia combater o "imperialismo" e, internamente, a "oligarquia". No começo dos anos 1950, acreditava numa Terceira Guerra Mundial que iria enfraquecer os EUA e a URSS, fazendo da Argentina o exemplo para o mundo, pois era o lugar onde germinava um novo sistema com paz e justiça social. Pretendia instaurar a "justiça social" para os trabalhadores, surgindo daí o termo *justicialismo* para indicar o nome de sua "doutrina". Para ele, o Estado tinha uma ação tuteladora, sendo a única instância capaz de realizar os interesses dos indivíduos e da nação.

Para evitar o choque de classes e impedir uma revolução social, o peronismo dirigiu-se às massas eleitas como interlocutores políticos, fez concessões aos trabalhadores e legislou a seu favor. Perón no seu governo não se valeu apenas de seu carisma, nem conseguiu a adesão das massas simplesmente com a sua demagogia. Ele efetivamente tomou medidas concretas em benefício dos que foram chamados de "descamisados".

Porém, seu segundo termo começava de maneira desfavorável. O primeiro impacto negativo foi a morte, em 26 de julho de 1952, de Eva Perón, vítima de um câncer no útero. Seu desaparecimento provocou uma comoção nacional com impressionantes manifestações populares de pesar.

As estruturas de poder construídas anteriormente começavam a ruir. As reservas acumuladas durante a guerra terminaram, impedindo que o governo fizesse novos investimentos produtivos na economia. Os capitais externos temiam o nacionalismo peronista e se distanciavam do país. Nesse quadro, era muito difícil atender a novas reivindicações populares e manter as subvenções ao consumo. A CGT, fiel ao governo, mudou seu lema; agora era hora de produzir para o engrandecimento da nação, evitando greves reivindicativas.

Um conflito com um dos pilares do governo peronista, a Igreja Católica, teve desdobramentos sérios. O início dos embates parece ter sido as atividades de um pequeno grupo democrata-cristão antiperonista. Perón não teve habilidade para lidar com essa oposição e acirrou os ânimos dos católicos, revogando medidas como a lei do ensino religioso obrigatório e implantando a lei do divórcio em 1954.

A procissão de Corpus Christi de 11 de junho de 1955 assumiu proporções de uma manifestação política de oposição ao regime. Em 15 de junho, a aviação naval bombardeou a Casa Rosada, onde Perón não se encontrava, mas centenas de civis foram vitimados. A resposta dos peronistas foi incendiar várias igrejas.

Perón tentou a reconciliação, mas era tarde. Em 8 de setembro, o secretário-geral da CGT ofereceu ao ministro do Exército a ajuda dos sindicatos, que, para tanto, deveriam ser armados. Perón recusou, mas este fato parece ter sido a gota-d'água que levaria ao rompimento dos militares com ele.

Em 16 de setembro de 1955, um levante militar iniciado em Córdoba e liderado pelo general Eduardo Lonardi avançava sobre Buenos Aires. Em 22 de setembro, Perón renunciou, descartando qualquer possibilidade de resistência armada. Exilou-se no Paraguai do ditador Alfredo Stroessner, passou pela República Dominicana de outro ditador, Rafael Trujillo, e se instalou definitivamente na Espanha do fascista Francisco Franco.

Mesmo depois da derrubada de Perón e de sua morte em 1974, o peronismo permaneceu até o presente como forte corrente político-ideológica, abrigando um amplo leque de seguidores à direita e à esquerda, aí incluídos católicos, nacionalistas e sindicalistas. A manifestação mais radicalizada do peronismo foi a dos Montoneros, grupo guerrilheiro armado que atuou contra as ditaduras militares durante a década de 1970.

Che Guevara e os movimentos revolucionários latino-americanos

Ernesto Che Guevara de la Serna nasceu em Rosário, na Argentina, em 14 de junho de 1928, o primogênito de cinco filhos de uma família de classe média. Asmático desde a tenra infância, cresceu muito ligado à mãe, Celia de la Serna y Llosa, e, como ela, amante da leitura e dos esportes.

Embora a família tenha se mudado muitas vezes, fixou-se em Córdoba a partir dos anos de adolescência de Guevara. Che, como seria apelidado mais tarde, manteve, mesmo a distância, as amizades dos tempos de escola secundária por toda a vida.

Guevara se transformaria no símbolo de uma geração que abraçou a causa de combater as mazelas do mundo em nome de um ideal. E a atraente escolha implicava, ao mesmo tempo, sacrifícios à vida pessoal.

Em 1947, ingressou no curso de Medicina, em Buenos Aires. Estudante inquieto, fez a faculdade à sua maneira, conciliando-a com interesses mais dispersos, e especializando-se em alergias dermatológicas. Nesses mesmos anos, a Argentina vivia sob as profundas divisões em torno do regime peronista. A família Guevara de la Serna era sua ferrenha opositora. Mas a deposição de Juan Domingo Perón por uma Junta Militar, em 1955, levou Ernesto Guevara a refletir, conforme mostram as cartas que escreveu à mãe, sobre as dimensões sociais transformadoras que o peronismo àquela altura representava.

Ainda assim, a plataforma peronista estava longe de encantá-lo. Nos anos anteriores, Guevara já havia dado mostras de seu desejo de afastar-se da terra natal. Em 1950, viajou como enfermeiro da Marinha Mercante e, em 1952, acompanhado do amigo Alberto Granado, embrenhou-se em uma viagem de oito meses, de motocicleta, por regiões inóspitas da cordilheira andina. A aventura foi depois relatada pelo amigo em *Diários de motocicleta*, convertido em longa-metragem, de 2004, pelo cineasta Walter Salles.

Em 1953, partiu de forma definitiva. Visitou a Guatemala de Jacobo Arbenz e procurou colaborar com um governo empenhado na distribuição de terras à população camponesa e na nacionalização de empresas norte-americanas que asfixiavam a economia nacional.

Após o golpe de 1954, na Guatemala, foi obrigado a deixar o país e viver um período na embaixada da Argentina no México. Lá conviveu com alguns refugiados cubanos e travou seu primeiro contato com os irmãos Raúl e Fidel Castro. Em um dos encontros, conversou noite adentro com Fidel. Esse encontro levaria Che ao âmago da luta revolucionária que os irmãos Castro haviam iniciado em 26 de julho de 1953, com o ataque ao Quartel de Moncada, em Santiago de Cuba, almejando solapar o poder ditatorial de Fulgêncio Batista, responsável por um golpe de Estado em 1952. O fracasso da empreitada lhes custou uma temporada na prisão e depois o exílio no México. Em fins de 1956, todavia, voltariam à porção oriental da ilha a bordo do iate Granma. Acompanhavam-nos Che Guevara, outros 80 homens e muitos fuzis.

A história da Revolução Cubana, vitoriosa em 1º de janeiro de 1959, deve ser compreendida à luz da trajetória desse país, o último a libertar-se da colonização espanhola na América. Em 1898, durante a segunda guerra de independência de Cuba, iniciada em 1895, os Estados Unidos intervieram na luta contra a Espanha, confirmando os alertas feitos pelo poeta cubano e articulador da emancipação, José Martí, a respeito dos interesses expansionistas norte-americanos.

José Martí morreu em combate em maio de 1895, antes que a intervenção se concretizasse. A Espanha perdeu a guerra, mas os Estados Unidos cobraram o seu preço. A já mencionada Emenda Platt, aprovada em 1901, e o tratado que estabeleceu a Base Naval de Guantánamo, assinado em 1903, asseguraram aos "irmãos no Norte", como os chamava Martí, muitas prerrogativas políticas e territoriais na Cuba emancipada.

Por essa razão, a Revolução Cubana, assim como a Revolução Sandinista na Nicarágua, da qual falaremos logo adiante, guarda um profundo sentido de reação ao imperialismo norte-americano, cuja ação se revelou avassaladora para a trajetória nacional ao longo das primeiras décadas do século XX.

Os integrantes do Movimento 26 de Julho desembarcados nas praias cubanas em fins de 1956 espalharam-se pelas montanhas da hoje lendária Sierra Maestra. Organizaram-se como guerrilheiros, que realizavam ataques-surpresa aos alvos inimigos, ao mesmo tempo que buscavam o apoio da população local por meio de medidas como a reforma agrária nas áreas que controlavam. Che Guevara e o líder revolucionário cubano Camilo Cienfuegos foram responsáveis por importantes conquistas militares no confronto com o exército de Batista.

Ao mesmo tempo, o movimento conquistou crescente apoio nas cidades. Se o Partido Comunista Cubano (anteriormente chamado Partido Socialista Popular — PSP) só aderiu ao movimento rebelde nos últimos meses de 1958, por defender, conforme a orientação do XX Congresso do Partido Comunista da URSS, a via pacífica para o socialismo, o Movimento 26 de Julho teve intensas conexões com o Partido Ortodoxo – o Partido do Povo Cubano. Dirigido por Eduardo Chibás, que lutara contra o governo de Carlos Prío Socarrás (1948-1952), o Partido Ortodoxo tinha uma plataforma anti-imperialista e anticapitalista, de tendência populista. Desse modo, foram se intensificando as ações de guerrilha urbana.

Em 31 de dezembro de 1958, vendo-se acuado, Fulgêncio Batista e seus principais ministros abandonaram o país. Em 1º de janeiro, os rebeldes convocaram uma greve geral para consolidar o triunfo da Revolução. No dia 3, Che Guevara e Camilo Cienfuegos entraram em Havana. A coluna de Fidel Castro, por sua vez, percorreu toda a ilha até entrar triunfante na capital no dia 8 de janeiro.

Fidel Castro permaneceu como comandante em chefe do Exército, nomeando Manuel Urrútia como presidente da República. O novo regime assumiu um tom que contrastava com o modelo político socialista em vigor na União Soviética à época.

Como propôs Jorge Castañeda, a Revolução Cubana era mais livre, mais democrática, desordenada, tropical e espontânea. No mês de maio, promulgou-se a Lei de Reforma Agrária, que expropriou vastas porções de terras antes dominadas por latifúndios e por áreas pertencentes a empresas norte-americanas. No ano seguinte, empresas e bancos norte-americanos foram nacionalizados.

A cada passo, divergências floresciam no interior do governo revolucionário. O Movimento 26 de Julho estava longe de ser homogêneo e as contradições vinham à tona à medida que a Revolução se aprofundava. Paralelamente, os Estados Unidos reagiam com veemência à ousadia cubana. Restringiram seu tradicional mercado para a compra de açúcar cubano e cortaram o fornecimento de petróleo ao país. Uma comitiva cubana, integrada entre outros por Che Guevara, foi convidada a visitar a União Soviética. Tratada com pompa e circunstância, a comitiva obteve o compromisso russo de compra da safra açucareira e de abastecimento petrolífero. Refinarias norte-americanas em Cuba recusaram-se a operar com petróleo soviético, e foram nacionalizadas.

Em abril de 1961, em uma operação desastrada, o governo dos Estados Unidos fez vista grossa a uma tentativa de ataque a Cuba organizada por cubanos exilados na Flórida e treinados pela CIA. Conhecida como invasão à Playa Girón, a investida foi debelada pelo Exército cubano e pelas milícias populares, armadas por Fidel Castro.

Fotografia tirada em março de 1960, por ocasião da homenagem às centenas de vítimas da explosão do navio La Coubre, no porto de Havana, cuja responsabilidade foi atribuída aos Estados Unidos.
Che caminha no centro e Fidel, na extrema esquerda.

A conjuntura jogou favoravelmente a Cuba, mas os acontecimentos deixaram clara a vulnerabilidade da Revolução. Para protegê-la, optou-se pelo que alguns intérpretes chamaram de a "revolução dentro da revolução". No dia 16 de abril de 1961, Fidel Castro declarou que o regime cubano passava a ser socialista. Com sérias implicações para os sonhos revolucionários mais livres, Cuba alinhou-se à União Soviética e aceitou sua ajuda e sua ingerência. Passou a sofrer o embargo econômico conclamado pelos Estados Unidos e foi excluída da OEA (Organização dos Estados Americanos).

Che Guevara viajou outras vezes à Rússia para selar acordos bilaterais. Viu desmoronarem seus planos de promover o desenvolvimento industrial cubano em favor do privilégio da monocultura açucareira. Viu também se dissiparem as promessas de apoio soviético para a exportação da causa revolucionária para outras partes da América Latina. Por fim, sua admiração para com os russos recebeu um golpe mortal quando da crise dos mísseis. Como parte do acordo, Cuba aceitou os argumentos soviéticos para que fossem instalados mísseis em seu território, apontados para os Estados Unidos. A operação secreta foi descoberta pelo governo de John Kennedy, em outubro de 1962, por meio de fotografias aéreas. Em meio a uma grave crise militar, a URSS ordenou a retirada dos mísseis sem consultar ou informar o governo cubano.

Apesar da humilhação, Cuba seguiu leal à União Soviética até o desmembramento do bloco socialista, cerca de três décadas mais tarde, enquanto Che Guevara escolheu partir para ações guerrilheiras na África e logo na América do Sul. Antes, porém, representou Cuba em diferentes missões internacionais, contribuindo para associar a imagem da Revolução ao charme, à virilidade e ao desprendimento dos jovens guerrilheiros. Em 9 de outubro de 1967, Che foi assassinado pelos soldados que o capturaram nos rincões da Bolívia.

Entre os que permaneceram na ilha, a despeito das políticas que procuravam equacionar as antes profundas assimetrias sociais existentes em Cuba, a nova conjuntura impôs severas restrições. Nos planos da produção cultural e artística, por exemplo, os estímulos trazidos pela Revolução, de expressar o novo – o novo homem, a sociedade almejada, a arte renovada – foram aos poucos cerceados por instâncias oficiais de controle, censura e punição.

Um exemplo disso foi o suplemento literário semanal *Lunes*, estudado pela historiadora Silvia Miskulin. Criado em 23 de março de 1959 e editado até 6 de novembro de 1961, a publicação era um encarte do jornal *Revolución*, órgão de imprensa dos guerrilheiros de Sierra Maestra fundado após o triunfo do movimento. O escritor Guillermo Cabrera Infante foi chamado por Carlo Franqui, diretor do *Revolución*, para editar o suplemento. Desde o início, *Lunes* abriu espaço para obras ficcionais, ensaios, análises históricas e registros de eventos contemporâneos de Cuba e do mundo.

O suplemento manifestou solidariedade com as lutas anticoloniais em curso na Ásia e na África, e apoiou os embates contra o imperialismo norte-americano na América Latina. Ao mesmo tempo, privilegiou a publicação das vanguardas literárias e estéticas, envolta em experimentação gráfica. Carlos Franqui relatou que a tese que defendiam era a de que tinham de pôr abaixo as barreiras que separavam a cultura de elite da cultura de massa. E que o objetivo era levar a melhor qualidade cultural a centenas de milhares de leitores. Afirmou que eram motivados pelo lema de José Martí: "Cultura traz liberdade."

O editorial do primeiro número de *Lunes* mostrava que o suplemento não tinha uma posição política definida. Defendia a liberdade e a democracia, ao passo que condenava o marxismo soviético e a estética realista dos socialistas. A obra de Sartre muito se destacou em *Lunes,* que ajudou a patrocinar a visita do autor ao país.

Durante a visita, Sartre escreveu sobre os méritos da Revolução Cubana, expressando perspectivas que coincidiam com as declarações feitas pelos próprios dirigentes revolucionários, quais sejam, de que a especificidade da Revolução estava em buscar uma via original, própria e humanista, distante dos modelos de socialismo da União Soviética e da China, mas comprometida com os anseios de independência econômica e soberania nacional.

Também para os editores de *Lunes*, a Revolução primava por ser democrática, popular e originalmente cubana. Nesse sentido, o suplemento almejava fomentar a "verdadeira cultura cubana", em permanente relação com a cultura universal. Deu destaque a escritores e artistas como Ernest Hemingway, Jorge Luis Borges, Miguel Ángel Asturias, Pablo Picasso e André Breton, ao lado de colaboradores cubanos. Essa visão cosmopolita foi, porém, por vezes mal interpretada, e nos debates que antecederam seu fechamento, *Lunes* foi acusado de estrangeirizante. Em sua defesa, argumentou-se que havia escassez de colaborações literárias nacionais de qualidade.

Lunes postulava o compromisso do escritor com o movimento revolucionário, libertando-se da torre de marfim. Politicamente, o suplemento apoiou e divulgou as principais transformações desencadeadas após o seu triunfo – como a reforma agrária – e rechaçou com veemência as sabotagens contrarrevolucionárias e a tentativa de invasão de Cuba pelos Estados Unidos, em abril de 1961, na baía dos Porcos.

Mesmo quando a Revolução se declarou socialista, o suplemento deixou bem clara sua adesão ao governo, que, como parecia, caminhava para a construção de um socialismo justo e humano.

Embora a União Soviética estivesse em fase de abertura política nesses anos, os comunistas cubanos se opuseram à pluralidade de *Lunes*.

Em 1961, após o desagravo feito por integrantes de *Lunes* à censura de um documentário dirigido por Sabá Cabrera Infante, considerado obsceno e licencioso, o governo cubano promoveu duas grandes reuniões para definir os rumos das políticas culturais.

O discurso *Palabra a los intelectuales*, proferido por Fidel Castro em junho desse ano, anunciou o fim da liberdade de expressão. Em agosto de 1961, durante o Primeiro Congresso de Escritores e Artistas, criou-se a Unión de Escritores y Artistas de Cuba (Uneac), órgão responsável por organizar a produção da intelectualidade cubana, segundo o critério de que as manifestações culturais voltadas ao povo seriam o centro da obra de arte revolucionária.

Os intelectuais eram convidados a colaborar com a Revolução participando dos projetos sociais de grande envergadura, como a Campanha de Alfabetização de 1961 e a expansão da rede de ensino. As vozes experimentalistas de *Lunes* não mais deviam repercutir na vida cultural e social do país. Além disso, o suplemento passara a ser estigmatizado pela participação de homossexuais.

O último número de *Lunes* celebrou os 80 anos de Pablo Picasso. Após seu desaparecimento, o governo incumbiu-se de criar outros periódicos literário-culturais, mais afinados com o tom nacional, popular e socialista.

O CHILE DA UNIDADE POPULAR

Em vista das contradições que diferentes regimes socialistas manifestaram em sua trajetória, ao cristalizarem, em nome da promoção da igualdade, instâncias de poder autoritárias, privilegiadas e pouco transparentes, a autocrítica operada por determinados setores das esquerdas favoreceu a busca por novos caminhos e novos horizontes para a ação política. As respostas dadas a essa inquietação foram as mais variadas, das "barricadas do desejo", em maio de 1968 na França, à luta pelos direitos civis nos Estados Unidos e aos projetos de Estado de Bem-Estar Social na Europa Ocidental.

Na América Latina desses anos, ao mesmo tempo que as esquerdas inspiradas em Cuba se radicalizavam e abraçavam a luta armada, a busca por soluções que entremeassem as balizas da "reforma" e da "revolução" dividiu a cena.

O Chile constitui um caso emblemático nesse sentido. Tradicionalmente considerado uma exceção na América Latina, pela precoce conquista da estabilidade política, nos anos que se seguiram à emancipação da Espanha, o país atravessou importantes reformas políticas e sociais ao longo do século XIX e a primeira metade do século XX com uma considerável continuidade das instituições públicas e partidos políticos consolidados.

Em 1964, nas eleições presidenciais, venceu Eduardo Frei, candidato pelo Partido da Democracia Cristã (DC). Embora reformista, sua candidatura contou com o apoio dos setores conservadores contra o rival socialista Salvador Allende, assustados que estavam com o fantasma da Revolução Cubana.

Com o lema de promover uma "revolução em liberdade", o governo de Frei deu continuidade ao ciclo de reformas modernizantes, desenvolvimentistas e antioligárquicas em curso no Chile desde 1938, quando o país foi governado por uma Frente Popular, a exemplo das frentes que se formaram na Europa para se contrapor às correntes fascistas naquele período. O projeto da Democracia Cristã apresentava-se como uma terceira via ao capitalismo e ao comunismo, e estava calcado na perspectiva de construção de uma nova sociedade, corporativa e harmoniosa.

Uma série de reformas estruturais foi levada a cabo (agrária, bancária e urbana, com política habitacional e organização comunitária nos bairros pobres), determinou-se a nacionalização da extração de cobre – desde o século XIX dominada por empresas de capital estrangeiro – e procurou-se organizar e integrar os setores populares.

Em 1970, porém, os grupos de esquerda beneficiaram-se da disputa travada entre a Democracia Cristã e o conservador Partido Nacional. Salvador Allende, ex-líder estudantil, médico, ex-deputado, senador e ex-ministro da Saúde, elegeu-se presidente como candidato da chamada Unidade Popular (UP). A UP reunia partidos de esquerda como o Socialista, o Comunista, o Radical e o Mapu (Movimento da Ação Popular Unitário), uma cisão da Democracia Cristã, coligados em torno da seguinte plataforma: a via chilena ao socialismo, ou seja, a transição para o socialismo nos marcos da legalidade democrática.

A estabilidade fazia parecer que a sociedade chilena seria capaz de viver mudanças políticas importantes na esfera governamental, sem sofrer abalos profundos. Mas a chamada experiência chilena terminou em banho de sangue e no sacrifício do aparentemente sólido regime democrático. Em 11 de setembro de 1973, o general Augusto Pinochet, comandante em chefe do Exército, ordenou o bombardeio do Palácio La Moneda, onde Salvador Allende procurou resistir com uma arma presenteada por Fidel Castro em punho. Partidários de direita e esquerda até hoje alimentam a polêmica sobre a forma como o presidente morreu – se alvejado durante o ataque ou atingido por uma bala de sua AK-47. Em 2011, em meio aos embates que marcaram o retorno à democracia no Chile, os restos mortais de Allende foram exumados. A Justiça referendou a hipótese do suicídio.

Mas, afinal, em que consistiu e por que fracassou a via chilena para o socialismo? A questão vem sendo, há muito, debatida por cientistas políticos e historiadores.

Embora o país contasse com índices elevados de inclusão política e social da população, comparados aos de outras nações latino-americanas, sua economia refletia as mazelas e contradições da dependência econômica. O programa da Unidade Popular priorizava justamente este aspecto. Visava promover o desenvolvimento nacional e "superar o atraso", emancipando a economia da subordinação ao capital estrangeiro, como sublinhavam os economistas na época. Visava também promover a justiça social, melhorando a oferta de empregos e os patamares salariais. O Estado seria o principal responsável por essas ações.

Ao mesmo tempo, apostava-se no poder da economia para transformar outras esferas da realidade social. Com as mudanças no sistema de propriedade dos meios de produção fundamentais, transferidos ao Estado por meio da APS (Área de Propriedade Social), e maior participação dos trabalhadores nos lucros e na gestão das empresas, seria possível aprofundar os canais políticos de participação popular.

Desde o princípio, a direita, representada pelo Partido Nacional, buscou boicotar o governo da Unidade Popular. Uma ala do Exército quis articular um golpe para impedir a posse de Allende, sendo interceptada por generais defensores da legalidade. Outros conservadores buscaram anular o resultado das eleições no Congresso. A Constituição previa que no caso de o primeiro colocado não obter mais de 50% dos votos, cabia ratificar a vitória. Allende afinal obteve o apoio da Democracia Cristã, que tinha maioria no Parlamento, apoio condicionado à assinatura pelo novo presidente do "Estatuto de Garantias Constitucionais". Enquanto Allende pôde contar com o respaldo da Democracia Cristã, foi capaz de driblar as fortes pressões que pesaram sobre seu governo; a partir de 1973, os democratas cristãos aproximaram-se do Partido Nacional, deixando a Unidade Popular isolada e fragilizada.

Tão logo se deu início ao programa de reformas, houve reação por parte dos setores afetados. Vários pontos da ação governamental eram problemáticos: a expropriação de algumas empresas e a implantação da APS (Área de Propriedade Social), a ocupação de terras no campo, o projeto de nacionalização do cobre, a compra de ações de bancos.

Com a mobilização popular e dos grupos políticos mais radicais integrantes da Unidade Popular, ávidos pelo avanço das "reformas revolucionárias", o governo aos poucos perdeu o controle sobre o compasso das mudanças. No campo, formaram-se "comandos comunais" e focos de guerrilha. Ao reprimi-los, Allende descontentou muitos aliados. Também nas franjas urbanas, o movimento operário passou a atuar diretamente na expropriação de empresas, formando os chamados cordões industriais.

Era clara a dificuldade para se conciliar o plano governamental e os movimentos espontâneos, que ultrapassavam o programa da Unidade Popular. E, como avaliaram alguns historiadores como Alberto Aggio, a via chilena para o socialismo – pacífica e democrática – não foi capaz de definir as chaves teóricas e políticas para a construção desse novo caminho. Como equacionar a relação entre governo e participação popular? Como conciliar legitimidade revolucionária com a institucional? Para Allende, a transição deveria se dar no interior da legalidade. Sabia que a teoria não continha todas as respostas para o modelo chileno. E esse modelo, afinal, não foi desenvolvido.

Nesse contexto, evidenciaram-se os desacordos no interior da Unidade Popular. Parte de seus integrantes, como o Partido Socialista, queria a radicalização para apoiar tendências das ruas. Prevaleceu a posição dos grupos alinhados com Allende, mais moderados, favoráveis a uma transição que respeitasse a institucionalidade.

Paralelamente, a direita reagia ao que via como passividade do governo com relação às pressões populares, iniciando uma violenta campanha para colocar a opinião pública contra o governo. Em fins de 1971, o cenário era de aguda polarização.

Na tumultuada conjuntura, os setores médios endossaram seu apoio à direita. Sua insegurança também era motivada pelos problemas econômicos que se faziam sentir – a volta da inflação, o desabastecimento resultante do boicote de empresários e comerciantes ao regime, as greves nas empresas nacionalizadas.

Para enfrentar o problema da escassez de produtos nas estantes das lojas e mercados, o governo criou as Japs (Juntas de Abastecimento e Preço), conclamando a população a vigiar a conduta dos produtores e comerciantes.

Em parte, as Japs conseguiram atenuar o problema. Mas reforçaram a ameaçadora imagem de um poder popular, o qual feria, segundo Aggio: "o padrão de institucionalização dos conflitos que havia sido a tônica do desenvolvimento chileno".

No âmbito institucional, as relações com o Legislativo deterioravam-se a passos largos. Allende vetou o projeto de reforma constitucional apresentado pela Democracia Cristã, que tiraria do Executivo o controle sobre as APS. O número de expropriações seria limitado por ano e a lista de empresas seria submetida à aprovação do Congresso. Com o veto presidencial, gerou-se um impasse nas relações entre os dois Poderes.

Com uma estratégia conciliadora, Allende convidou as Forças Armadas a assumirem o Ministério da Defesa e conquistar seu aval para a continuidade das reformas. E embora o Partido Nacional já defendesse a deposição do governo, a Democracia Cristã preferiu esperar as eleições parlamentares de março de 1973, das quais, acreditava, a Unidade Popular sairia enfraquecida.

O premiado documentário de Patricio Guzmán, *La batalla de Chile*, produzido entre 1972 e 1979, recupera a atmosfera de polarização política que atravessava a sociedade chilena nesse momento que os cidadãos tinham consciência de ser decisivo. Membros das classes trabalhadoras entrevistados nas ruas sabiam da importância de proteger o governo Allende. A Unidade Popular obteve, afinal, 44% dos votos nas eleições parlamentares. Não se confirmou, portanto, o esperado enfraquecimento do Executivo.

Se os meios institucionais confirmavam a legitimidade do governo, opositores enfurecidos optaram pelo caminho da violência. A partir de março, assistiu-se a uma onda de atentados, sabotagens e assaltos, em parte perpetrados pela organização de extrema-direita Pátria e Liberdade. No mês de junho, o general legalista Carlos Prats voltou a sufocar uma tentativa de golpe de Estado. Em 1974, já instaurada a ditadura de Pinochet, um atentado a bomba arquitetado pela Dina (Direção de Inteligência Nacional do Chile) explodiu o carro em que se encontravam o general Prats e sua esposa exilados em Buenos Aires.

Em meados de 1973, a despeito dos bastiões de resistência em torno do governo, o discurso da direita ganhava força avassaladora – só um governo forte salvaria o país do caos. Essa posição era endossada pelas agências de inteligência dos Estados Unidos, muito vigilantes em relação aos acontecimentos no Chile, em pleno cenário de Guerra Fria. Era preciso evitar a todo custo que a história de Cuba não se repetisse na América do Sul. A vigilância traduziu-se em cooperação efetiva, mesmo que secretamente, para que os militares erradicassem o "inimigo interno" que "ameaçava" a nação.

O 11 de setembro de 1973 trouxe o conhecido e trágico desfecho que inaugurou a era Pinochet. Estendeu-se até 1990, com o apoio de amplos setores da sociedade e com a brutal repressão e implacável silenciamento daqueles que haviam sustentado o governo de Salvador Allende.

As disputas simbólicas entre esses campos, como veremos adiante, ainda não se dissolveram na névoa do passado.

OS SANDINISTAS NA NICARÁGUA

Duas décadas após o êxito da Revolução Cubana, um país da América Central também asfixiado pelas intervenções imperialistas ao longo de sua história viu parte da população pegar em armas e derrubar um governo tirânico. A história da Revolução Sandinista, vitoriosa em 1979, não pode ser compreendida sem se levar em conta a presença norte-americana na Nicarágua.

Em princípios do século XX, os Estados Unidos enviaram seus fuzileiros navais para ocupar faixas do território da Nicarágua. Na década de 1920, o lendário exército conduzido por Augusto César Sandino recorreu a táticas de guerrilha contra os invasores. O conflito levou os Estados Unidos a retirarem suas tropas em 1933, deixando Anastásio Somoza García como comandante da Guarda Nacional, que zelaria pela ordem interna e garantiria os interesses norte-americanos.

Sandino voltou a insurgir-se e acabou assassinado em 1934, a mando de Somoza. Sua luta tornou-se símbolo da resistência nicaraguense e referência central para o movimento "sandinista" nascido em 1961.

Quanto a Somoza, tornou-se presidente do país com o apoio dos EUA, iniciando o "reinado" de sua família por 43 anos, marcados por violência, exclusão social, censura e corrupção. Foi sucedido por seu filho mais velho, Luis Somoza Debayle, em 1956, e por seu filho caçula, Anastásio Somoza Debayle, em 1967.

A Frente Sandinista de Libertação Nacional (FSLN) foi criada em 1961 por Carlos Fonseca. Tratava-se de uma organização político-militar que agiu entre 1961 e 1979 sob a forma de guerrilha. O movimento contava com várias lideranças e amalgamava posições políticas heterogêneas. Ao conquistar o poder em 1979, a FSLN contava com o apoio da maior parte da população.

Como já ocorrera em Cuba, a Revolução Sandinista percorreu tanto a via armada quanto a pacífica para chegar ao poder. Estabeleceu-se nas cidades, mas também nas montanhas da Nicarágua. Na medida do possível, procurou criar escolas e hospitais nas regiões que controlava. Os padres e freiras ligados à Teologia da Libertação, que conciliavam a catequese com a luta política por justiça social, tiveram um papel importante no trabalho de aproximação da guerrilha com a população pobre. Das bases católicas emergiram algumas das mais influentes lideranças da Revolução Sandinista, como o prestigiado poeta e então frade nicaraguense, mais tarde "desordenado" pelo Vaticano, Ernesto Cardenal.

A chamada vanguarda da FSLN era de fato revolucionária, mas na prática aliou-se a setores importantes da burguesia nacional, desde Alfonso Robelo, da comunidade empresarial, até Violeta Chamorro, da tradicional elite política. O marido de Violeta, o jornalista Pedro Joaquín Chamorro, editor do jornal de oposição *La Prensa*, foi assassinado pela ditadura em 1978. Muitos autores concordam em afirmar que os excessos de Anastásio Somoza Debayle, sobretudo depois do terremoto de 1972, quando ele monopolizou e depois roubou grande parte da ajuda que o país havia recebido do exterior, foram um incentivo poderoso para a aliança do setor privado com as forças de oposição.

Os sandinistas foram capazes de unificar suas três facções – o grupo da Guerra Popular Prolongada, a Tendência Proletária e a Tendência Insurrecional (ou Terceristas) – na Junta de Governo de Reconstrução Nacional que governou o país de julho de 1979 a 1985, quando Daniel Ortega, pela Frente Sandinista, assumiu a presidência ao vencer as eleições. Nutriam uma plataforma ideologicamente pluralista e democrática.

Seguindo insistentes sugestões dos aliados cubanos, os revolucionários buscaram e receberam amplo apoio internacional, de países com governos progressistas na América Latina, das sociais democracias na Europa e conseguiram a aceitação da administração Jimmy Carter nos Estados Unidos, entre 1977 e 1981.

Mas o governo sandinista se deparou com inúmeros problemas: um país arrasado por longos anos de ditadura e guerra civil, carente de recursos e economicamente dependente. Além disso, sofreu a ofensiva de grupos contrarrevolucionários, conhecidos como os "contras". Financiados pelo governo republicano de Ronald Reagan, a partir de 1981, os "contras" mantiveram a Nicarágua sandinista em uma situação dramática de guerra permanente, obrigando o governo sandinista a concentrar esforços na resistência.

Paralelamente, procurava levar adiante o programa de reforma agrária, de estabelecimento de uma economia mista – que subdividia a propriedade da terra entre Estado, cooperativas e proprietários privados –, de nacionalização das minas e de estatização das fazendas e fábricas da família Somoza.

Como no Chile de Allende, todavia, as medidas de expropriação provocaram tensões. Não era fácil manter o antigo leque de alianças, construído com base na oposição a um inimigo comum. Em 1990, Daniel Ortega perdeu as eleições para a candidata apoiada pelos Estados Unidos, sua antiga aliada Violeta Chamorro. Em 2006, voltaria a eleger-se presidente da Nicarágua. Nos anos 1980, entretanto, o cenário era outro.

Também surgiram dificuldades relacionadas ao programa democrático, já que se pretendia, para além da democracia representativa, criar instâncias para uma participação popular mais direta na administração local, por meio, por exemplo, dos Comitês de Defesa Sandinistas.

A participação popular foi uma marca importante do caminho revolucionário trilhado pelos sandinistas. As ações culturais promovidas pelo Estado procuraram difundir crenças e sentimentos que alimentariam a resistência revolucionária.

Os CPCs (Centros Populares de Cultura) e a ASTC (Associação Sandinista de Trabalhadores da Cultura) tornaram-se os grandes organizadores de eventos culturais destinados a afirmar uma identidade coletiva. Estimulavam festas populares e feiras tradicionais, pesquisas sobre as tradições culturais nicaraguenses e a criação de empresas para a promoção, circulação e comercialização nacional e internacional da produção artística do país.

Inspirados em uma experiência prévia de Ernesto Cardenal, ministro da Cultura após a Revolução Sandinista, desenvolveram-se também os chamados *talleres de poesía*, onde se ensinavam e se discutiam a arte e a técnica de fazer poesia.

Em 1981, o suplemento cultural *Ventana*, do jornal revolucionário *Barricada*, publicou uma acesa discussão acerca dos *talleres de poesía*, que revelava querelas comparáveis às que cercaram a trajetória e o fechamento de *Lunes* em Cuba. O poeta nicaraguense Carlos Martinez Rivas teceu críticas ferozes à forma de condução dos *talleres*, que terminava por uniformizar a produção poética.

Ernesto Cardenal respondeu às críticas recorrendo à autoridade da tradição nacional. Desde Rubén Dario, o grande poeta modernista nicaraguense, havia apenas um grande *taller* de poesia no país, transmitido de geração em geração, sem qualquer necessidade de ruptura. Nesse embate, que *Ventana* não se eximiu de publicar, o projeto democratizador da produção cultural chocava-se com os anseios por uma estética original e renovadora. Era preciso que a arte se afinasse aos propósitos de afirmação nacional e resistência popular revolucionária em uma sociedade tão marcada pelos desmandos imperialistas e ditatoriais ao longo de sua história. Por sua obra poética, Cardenal foi indicado ao Prêmio Nobel da Literatura em 2005.

Ditaduras militares e sociedade civil

O tema dos regimes militares que se instauraram em diferentes países da América Latina a partir de meados do século XX se presta a muitos planos de análise. O mais clássico desses planos explora o contexto da Guerra Fria, em que os Estados Unidos e grupos estratégicos das elites nacionais latino-americanas, temendo o "efeito dominó" na expansão internacional do "comunismo", respaldaram intervenções militares na esfera política. Em 1959, a ameaça tornou-se mais concreta para a América Latina em vista do êxito da Revolução Cubana e do alinhamento de Cuba ao Bloco Socialista a partir de 1961.

Centros de inteligência militar formados nessa época, em diferentes países, passaram a definir os contornos da chamada Doutrina de

Segurança Nacional, voltada a um novo tipo de inimigo – o inimigo interno, imiscuído na sociedade e propagador de "ideias subversivas". Diante desse quadro, era necessário que as Forças Armadas redefinissem suas estratégias de atuação. O "novo profissionalismo", como definiu Samuel Huntington, previa a ampliação de "seu campo de trabalho" para todas as esferas de alguma forma relacionadas à segurança interna, passando pela política, economia, cultura e ideologia. A "defesa nacional" começava a se confundir com a "política geral do Estado".

Com os processos de redemocratização em curso nos anos 1980 e 1990, entretanto, marcados por uma transição considerada por muitos "conservadora", diferentes cientistas políticos passaram a refletir sobre as dimensões de uma cultura política autoritária que ultrapassava o domínio das Forças Armadas e do Estado. Ou seja, procuraram ampliar o viés investigativo, lançando luz sobre a disseminação de posturas autoritárias por extensos setores sociais que apoiaram os golpes.

Esse plano, por ser mais difuso, é de mais difícil apreensão. Ficou patente nos boicotes que industriais e comerciantes realizaram no Chile para desgastar a presidência de Salvador Allende; na conhecida "Marcha da Família com Deus pela Liberdade", realizada em São Paulo em protesto contra João Goulart pouco antes de sua deposição; na lealdade de parte das camadas médias e altas chilenas para com a figura incensada do general Augusto Pinochet; nas redes de cumplicidade com o sistema repressivo durante o regime militar na Argentina.

Nos últimos anos, os historiadores têm dedicado crescente atenção ao tema, apoiando-se nos trabalhos produzidos pelas ciências políticas, mas buscando desvencilhar-se das abordagens tipológicas. Para o historiador, as tipologias trazem consigo o risco da generalização, quando seu olhar persegue as particularidades, os matizes, as contradições presentes nos tecidos sociais e políticos.

Novos planos analíticos têm sido abordados pela historiografia, concernentes às representações políticas mobilizadas pelos grupos de oposição às ditaduras militares, às fissuras entre as correntes de esquerda, às estratégias de legitimação dos regimes, à construção da memória por diferentes atores sociais envolvidos, à experiência do exílio etc. E, em todos esses planos, procura-se recompor as narrativas sobre os anos de chumbo que pesaram sobre amplas porções de um continente.

Ao mesmo tempo, os cientistas políticos – os primeiros a colocarem o tema no centro dos debates acadêmicos – preocuparam-se em estabelecer parâmetros comparativos entre os diferentes tipos de regime militar que tiveram lugar na América Latina, em uma mesma época histórica.

Havia nesses anos um alto grau de mobilização política em países como a Argentina, a Bolívia, o Brasil, o Chile, o Equador, o Peru e o Uruguai, que envolvia sindicatos e partidos de esquerda, ligas camponesas, guerrilhas indígenas, movimentos estudantis etc. Se em quase todos esses países os golpes militares deram início a um violento processo de desmobilização desses setores, combinado a políticas socialmente "exclusivas", na definição do cientista político Alfred Stepan, a junta militar presidida pelo general Juan Velasco Alvarado, no Peru, privilegiou um programa "inclusivo".

Na perspectiva de Stepan, muitas das reformas sociais e políticas que, em países como a Argentina e o Brasil, haviam sido levadas a cabo por governos como os de Getúlio Vargas e Juan Domingo Perón não tiveram lugar no Peru das primeiras décadas e de meados do século XX. Daí, na interpretação que o autor desenvolve cuidadosamente em seus livros, a ditadura militar no Peru, por exemplo, apresenta uma estrutura política diferente das demais.

O GOVERNO MILITAR NO PERU

Tradicionais aliadas das elites políticas peruanas – com cuja conivência realizaram, a fim de restabelecer a "ordem social", sucessivas intervenções ao longo do século XX –, as Forças Armadas pretenderam redefinir o seu papel político a partir dos anos 1950. As reflexões produzidas com este fim partiram principalmente do recém-fundado Centro de Altos Estudos Militares (Caem) e do Serviço de Inteligência do Exército (SI). Em 28 de abril de 1968, o "Plano Inca" procurou amarrar o conjunto de princípios, objetivos e estratégias que vinham sendo discutidos pelas Forças Armadas e, a partir de outubro, serviu como diretriz do governo golpista. Em 3 de outubro de 1968, o Governo Revolucionário da Força Armada (GRFA) tomou o poder no Peru, depondo o presidente Fernando Belaúnde Terry.

A transformação almejada pelas Forças Armadas se fundava no desenvolvimento integral da nação e na realização de reformas sociais. De acordo com seu projeto, os esforços para a superação do subdesenvolvimento exigiam um sistema de planificação estatal capaz de avaliar o "potencial nacional" e definir as estratégias para a sua otimização. A tarefa seria executada por "especialistas" a partir de critérios "técnicos", uma vez que, calcados em uma visão "organicista" do Estado, os militares consideravam politicamente neutros os objetivos que definiam para o "corpo social".

Essa perspectiva era coerente com um projeto que visava neutralizar as disputas políticas, entendidas como manifestações antipatriotas. As diferenças entre os grupos deviam dissolver-se na formação da identidade nacional, formando-se "um organismo social não conflitante", composto por corporações profissionais hierarquicamente vinculadas ao Estado.

A ideia organicista de sociedade ia ao encontro da preocupação dos militares com a integração nacional. A Amazônia, por exemplo, aparecia como uma região ameaçada por seu isolamento e se beneficiaria com o aprimoramento das comunicações, com a proteção dos recursos naturais contra as empresas estrangeiras, e também com a melhoria das condições de vida das populações indígenas e ribeirinhas que lá habitavam.

Condenando a excessiva dependência econômica do Peru, as Forças Armadas advogavam o fim da participação de companhias estrangeiras em setores estratégicos da economia e, de maneira geral, defendiam a imposição de limites à atuação do capital externo no país. A contrapartida da crítica à dependência econômica e às liberdades gozadas pelas empresas estrangeiras no país foi, no projeto dos militares, a preocupação com o "desenvolvimento nacional". Seria papel do Estado, por meio da planificação, conduzir o desenvolvimento do "potencial nacional", já que este dificilmente ocorreria por obra da iniciativa privada.

O desenvolvimento nacional passaria, antes de mais nada, pela industrialização, que viabilizaria a independência econômica do país, permitindo a construção da nova sociedade peruana e a integração latino-americana. A Lei de Reforma Agrária aprovada em junho de 1969, pelo general Juan Velasco Alvarado (1968-1975), tinha como um de seus objetivos favorecer o desenvolvimento industrial por meio da ampliação da capacidade de consumo e, logo, do mercado interno. Milhares de hectares de terra foram desapropriados pelo Estado, com vista à formação de cooperativas agrícolas.

Em 1970, foi aprovada a Lei Geral de Indústrias, que estabelecia o papel dirigente do Estado no desenvolvimento fabril e o seu controle sobre a indústria básica. O setor industrial público conviveria com os setores privado e cooperativo, este último fruto da obrigatoriedade imposta pelo governo militar de que os trabalhadores tivessem 50% de participação nas ações, lucros e na direção das empresas.

Na visão do general Velasco Alvarado, essa medida tinha como objetivo não apenas aumentar a renda dos trabalhadores, mas principalmente transformá-los em agentes criadores e ativos no processo produtivo, afastando-se da "passividade infecunda do homem dependente". A industrialização não seria assim um instrumento para que o Peru se igualasse às sociedades capitalistas desenvolvidas, mas para que alcançasse metas específicas do processo "revolucionário" em curso, próprias de uma terceira via alternativa aos polos do capitalismo e do socialismo. Princípios como justiça social, humanismo, corporativismo, cooperativismo, nacionalismo, desenvolvimentismo e estatismo deveriam pautar a construção desse caminho.

Ao mesmo tempo, a busca de um modelo de desenvolvimento original supunha sua adequação à "realidade nacional", preocupação recorrente na cultura política peruana do século XX, desde José Carlos Mariátegui, passando por Haya de la Torre e pelo presidente deposto Fernando Belaúnde Terry. Em seus discursos e operações simbólicas, o GRFA preocupou-se em valorizar as particularidades da história peruana. O passado indígena, sobretudo inca, ocupou um lugar central na construção identitária, inspirando o próprio nome do plano de governo. Os militares viam os incas como precursores dos princípios comunitários e estatizantes que fundamentavam seu projeto, e investiram nessa imagem por meio da oficialização da língua quéchua, da organização dos festivais Inkarrí e da exaltação de personagens como Túpac Amaru.

A conciliação de orientações tão díspares no momento de se definir estratégias para a ação governamental foi fonte de polêmicas e impasses.

Entre outros fatores, as resistências e divergências de diferentes setores da sociedade em relação às reformas conduzidas pelo Estado, "de cima para baixo", contribuíram para desgastar o governo de Velasco Alvarado e limitar o alcance de suas políticas. Sob o seu comando foram levadas a cabo ações de grande impacto, como a desapropriação da empresa mineradora Marcona Mining, que reagiu ao governo procurando bloquear o transporte de minérios, riqueza central para a economia do país. Igualmente, a política de expropriação das grandes fazendas açucareiras da região norte atingiu um dos mais tradicionais núcleos das elites agrárias. Ao criarem cooperativas para os antigos trabalhadores das fazendas, os militares esperavam conquistar para si as lealdades políticas devotadas à APRA. Todavia, as rigorosas normas que regiam as cooperativas e as dificuldades econômicas enfrentadas por muitas delas tornavam tensas as relações do governo com as bases populares, de forma que as lideranças apristas conservaram a sua hegemonia.

Para aprimorar os canais de interação política com as massas, o GRFA criou o Sinamos (Sistema Nacional de Apoio à Mobilização Social) no ano de 1971. O órgão atuou especialmente nas "barriadas" urbanas (favelas) e nas áreas de reforma agrária. O Sinamos tornou-se foco de tensões entre as aspirações militares de controlar a mobilização social e as pressões populares por participação e conquistas. Contribuiu para acirrar as divergências existentes na cúpula militar, sobre os níveis aceitáveis de ação política da sociedade civil nas instâncias de gestão governamental.

Em 1975, como resultado das dificuldades enfrentadas pelo programa da "revolução peruana" e da perda de apoio entre seus pares, o general Velasco Alvarado foi destituído do comando do GRFA.

Foi sucedido pelo general Morales Bermúdez, que governou até 1980, quando se encerrou o regime militar. Nesse período, muitas das plataformas reformistas perderam força. A frustração de expectativas de mudança semeadas pelo GRFA pode nos ajudar a compreender o surgimento, nos anos 1980, do grupo guerrilheiro de orientação maoista Sendero Luminoso, o qual disseminou suas ações violentas por amplas parcelas do território nacional.

OS MILITARES E A POLÍTICA NA ARGENTINA

A concepção autoritária de um Estado militar responsável pela condução nacional também se fez presente na Argentina dos anos 1960 e 1970. Entretanto, em lugar da incorporação controlada dos setores populares, a ênfase recaiu sobre a neutralização das massas mobilizadas pelo peronismo, vistas como uma ameaça à estabilidade política e à ordem nacional.

Desde fins dos anos 1950, as fileiras peronistas aproximaram-se dos grupos de esquerda, assumindo posições políticas mais radicais. Juan Domingo Perón estava exilado na Espanha desde pouco depois de sua deposição em 1955 e, aos poucos, o peronismo "sem Perón" ganhou tônicas próprias. Formaram-se grupos alinhados com projetos revolucionários, os quais partiram para ações armadas. Dentre eles, destacam-se os chamados Montoneros, que construíram uma estrutura de guerrilha que os militares poucos anos mais tarde empenharam-se obstinadamente em estraçalhar.

Por outro lado, os governos democráticos vinham dando sinais de fragilidade em meio às pressões exercidas por forças conservadoras, como as Forças Armadas, a Igreja e as associações empresariais.

Na Argentina, o golpe militar ocorrido em 1930, quando a economia nacional sofria o impacto da crise de 1929, marcou a entrada em cena das Forças Armadas na esfera política. Em 1943 e em 1955, facções militares voltaram a intervir, abrindo caminho para o peronismo e, depois, ceifando-o do poder. Em 1962, voltaram a depor um presidente eleito por vias democráticas – o radical Arturo Frondizi (União Cívica Radical

Intransigente) – e estabeleceram um governo de fachada civil que se estendeu até outubro de 1963, quando Arturo Illia (União Cívica Radical del Pueblo) venceu as eleições. Em 28 de junho de 1966, um novo golpe liderado pelo general Juan Carlos Onganía depunha Arturo Illia, inaugurando a chamada "Revolución Argentina".

A campanha golpista havia contribuído para cristalizar a imagem do governo democrático como passivo e inoperante, responsável pelo caos político e econômico que assolava o país. Entretanto, o novo regime logo frustrou as expectativas daqueles que viam com bons olhos a intervenção autoritária. Como base no "Estatuto da Revolução" princípios constitucionais foram invalidados, os partidos foram dissolvidos e privados de seus bens, as universidades sofreram violenta intervenção. Paralelamente, o governo de Onganía introduziu uma desastrosa política econômica.

Embora sublinhasse a necessidade de desenvolver e modernizar o país, apostando na imagem de "eficácia técnica" atribuída aos militares, o governo de Onganía não pareceu querer conduzir a fundo um projeto desenvolvimentista. Adotaram-se fórmulas conhecidas para diminuir a inflação e assistiu-se a uma crescente presença das multinacionais no país.

Do ponto de vista ideológico, acentuaram-se a preocupação moralizante afinada com o catolicismo conservador, o anticomunismo e uma perspectiva organicista da sociedade.

Em lugar da harmonia social, entretanto, o governo enfrentou violenta reação popular e profunda divisão entre os setores que o haviam apoiado. A incessante mudança de ministros expressou o esforço para tentar satisfazer esses interesses heterogêneos.

Em 1970, o governo Onganía foi deposto por outra facção militar, que afirmava querer "cumprir o projeto da Revolução Argentina".

Em fins do mesmo ano, esgotadas as cartas para estabelecer um novo consenso político nacional, o poder militar iniciou conversações com Perón. Negociações políticas permitiram que Perón retornasse da Espanha franquista, para novamente se eleger à presidência da Argentina. Sucedeu o presidente Héctor José Cámpora, eleito em março de 1973, com o apoio de Perón e dos peronistas, pois ainda se mantinha o veto à candidatura de Perón. No mês de junho, Cámpora renunciou ao posto para que eleições sem restrições pudessem se realizar.

Em 20 de junho de 1973, Perón foi aguardado por uma multidão de militantes no aeroporto de Ezeiza. O que deveria ser uma ocasião de homenagem terminou em violência e desilusão. Peronistas de tendências diferentes entraram em confronto e o Exército interveio, provocando o episódio que ficou conhecido como o Massacre de Ezeiza. O cenário de guerra inviabilizava o pouso da aeronave. Perón desembarcou em outro aeroporto de Buenos Aires. Tão logo pisou em terras argentinas, proferiu um discurso rechaçando os movimentos radicais que falavam em seu nome.

Como presidente, deu sinais de suas inclinações conservadoras. Mas estava doente e veio a falecer em 1º de julho de 1974. A presidência ficou nas mãos de sua viúva e vice, María Estela Martínez de Perón.

O mandato de Isabelita, como era conhecida, foi marcado pela ação violenta da chamada Triple A, organização paramilitar liderada por José López Rega, contra os movimentos de esquerda. Em 24 de março de 1976, um golpe de Estado levou as Forças Armadas ao poder, conferindo ao aparato repressivo um vulto sem precedentes.

A justificativa para o golpe era de reprimir os movimentos guerrilheiros, superar a desordem administrativa e a impotência das forças políticas dominantes para obter uma saída institucional à crise. Dessa vez, o programa de governo intitulou-se "Processo de Reorganização Nacional". Reunindo comandantes do Exército, da Marinha e da Aeronáutica, a Junta Militar foi chefiada, nos cinco anos que se seguiram ao golpe, pelo general Jorge Rafael Videla, hoje condenado à prisão perpétua pelos crimes contra os direitos humanos. Em março de 1981, Videla foi sucedido pelo general Roberto Marcelo Viola, por sua vez substituído, no final do mesmo ano, pelo general Leopoldo Fortunato Galtieri. Galtieri renunciou ao seu posto em 1982, abrindo caminho para o retorno à democracia no ano seguinte.

O ideário militar insistia que a sociedade tinha de ser salva do caos e da degeneração pela ação política. No papel de árbitros e vigilantes – conferido por sua tradição de rigidez, disciplina, respeito à hierarquia e distanciamento em relação aos interesses particulares presentes na sociedade –, os militares ofereceriam a resposta ao desgoverno e às forças desagregadoras da nação. O Exército encarnava a intransigente defesa do nacional, o que tornava legítima sua ação repressora sobre inimigos internos. Caberia aos militares a missão de redimir o país e fazer cumprir o "destino argentino de grande nação".

A pretensão do discurso, no entanto, contrastava, uma vez mais, com o vazio de projetos, se compararmos a outros regimes ditatoriais na América Latina do período. Os militares brasileiros, por exemplo, desenvolveram projetos de intensa modernização econômica, enquanto os do Chile promoveram profunda desnacionalização da economia. Na Argentina, a debilidade do projeto foi compensada pela ênfase na repressão. Os militares armaram um enorme aparato repressivo que rapidamente escapou do controle do Estado, fragmentou-se e passou a servir a interesses de grupos específicos ou privados.

Aos poucos, as organizações de esquerda foram sendo desmanteladas. Os militantes que não estavam desaparecidos ou exilados isolaram-se no silêncio. A historiografia hoje apresenta uma densa reflexão sobre a experiência vivida por essa geração, que no ambiente tenebroso da repressão, gradualmente, distanciou-se das plataformas revolucionárias e abraçou as bandeiras relacionadas aos direitos humanos e ao horizonte da redemocratização.

A inflexão foi favorecida por protagonistas externos às organizações de esquerda, que em dado momento foram levados a pronunciar-se sobre as atrocidades perpetradas pelo regime. O exemplo mais clássico é o das Mães da Praça de Maio, que fizeram do drama pessoal de seus filhos desaparecidos uma luta política indissociável do processo de crise da ditadura argentina e, à medida que o movimento se politizava, de defesa da democracia. Ao caminharem juntas pela Praça de Maio, no centro de Buenos Aires, ostentando o lenço branco que se tornou o símbolo de sua ação, as Mães pressionaram a ditadura a reconhecer os crimes de assassinato do que mais tarde se soube referirem-se a milhares de pessoas na Argentina.

Em 1977, manifestantes na Praça de Maio mostram retratos de pessoas desaparecidas durante a ditadura militar (1976-1983). Os direitos humanos tornaram-se aos poucos uma bandeira das esquerdas argentinas.

Já despido de legitimidade perante amplos setores sociais, o regime militar encontrou no argumento de recuperação do arquipélago das Malvinas – ocupado pela Grã-Bretanha poucos anos após a independência das então Províncias Unidas do Rio da Prata – uma estratégia para reconquistar a opinião pública. Em dois de abril de 1982, tropas argentinas desembarcaram nas ilhas Malvinas, as Falklands para os ingleses. O discurso anti-imperialista sensibilizou setores de esquerda da sociedade argentina e dos países vizinhos latino-americanos. Houve campanhas de apoio aos jovens soldados, os quais, como aos poucos transpareceu, enfrentaram condições de extrema precariedade durante a ocupação das ilhas, com uniformes inadequados ao frio, alimentação rarefeita e desorientação estratégica.

A Inglaterra, de sua parte, sob a gestão da primeira-ministra Margareth Thatcher, reagiu com veemência. Em 2 de maio de 1982, o navio cruzador General Belgrano foi afundado por um submarino nuclear britânico, matando 323 marinheiros argentinos. A Argentina ainda procurou reagir com base, sobretudo, em ataques aéreos, mas acuada pelo desequilíbrio de forças, não teve outra saída a não ser assinar a humilhante rendição em meados do mês de junho.

Se Thatcher colheu os louros políticos da vitória entre o eleitorado britânico, o governo militar selou a sua derrocada. A renúncia do general Galtieri foi acompanhada do início das gestões para a redemocratização do país. Ganhou projeção, nesse contexto, a figura de Raúl Alfonsín, a qual congregava, em um movimento de renovação do Partido União Cívica Radical, lideranças ligadas aos meios universitários e intelectuais e aos grupos defensores de direitos humanos. Alfonsín venceu as eleições em outubro de 1983, assumindo o desafio de dar forma ao regime democrático em meio às feridas abertas na sociedade. O desafio, também, de encontrar saídas para a enfraquecida economia nacional.

Fotografia da multidão reunida no encerramento da campanha presidencial de Raúl Alfonsín, da União Cívica Radical, em Buenos Aires, em outubro de 1983. Sua eleição marcou a volta da Argentina à democracia.

Em 1984, foi criada a Comissão Nacional para o Desaparecimento de Pessoas (Conadep), dirigida pelo escritor Ernesto Sábato. Desde então, o país vem enfrentando um dramático percurso em busca da verdade, da justiça e da reparação. Dezenas de bebês sequestrados de presas políticas, adotados com frequência por famílias ligadas ao regime, vêm sendo identificados e recolocados em contato, já alcançando a idade adulta, com seus parentes de sangue. Arquivos secretos da ditadura foram abertos, e militares e torturadores foram julgados e condenados por seus crimes contra a humanidade.

Do ponto de vista econômico, a despeito dos esforços de estabilização do governo Alfonsín, encerrado em 1989, a inflação, a débil produção industrial e os altos índices de desemprego foram alguns dos problemas que continuaram rondando o país.

OUTRAS DITADURAS NA AMÉRICA DO SUL: O CERCO SE FECHA

O golpe militar contra o governo de Salvador Allende no fatídico dia 11 de setembro de 1973 foi provavelmente o mais brutal de todos nas ações para consolidar seu êxito. Nos primeiros dias após o bombardeio do palácio La Moneda, milhares de pessoas foram levadas ao Estádio Nacional, em Santiago do Chile, submetidas a interrogatórios, surras e toda sorte de arbitrariedade. Cerca de mil detidos foram sumariamente executados. Os direitos civis foram suspensos e a população devia obedecer ao toque de recolher, enquanto casas eram invadidas e os suspeitos de contrariar a nova ordem, levados na calada da noite, muitas vezes para nunca mais voltar.

O escritor chileno Ariel Dorfman cristalizou na obra *O longo adeus a Pinochet* – originalmente publicada em 2002, com o título *Más allá del miedo: el largo adiós a Pinochet* – a imagem do ditador inescrutável que comandava o massacre com frieza e cinismo, negando obstinadamente que os desaparecidos estivessem desaparecidos. Dele se viam apenas as luvas brancas acenando, quando transitava pelas ruas com apenas uma fresta aberta da janela do carro que o conduzia.

Augusto Pinochet Ugarte estava determinado a erradicar o contagioso vírus comunista, não somente no Chile, mas também fora dele. Por isso, foi um dos principais responsáveis pela montagem da chamada Operação Condor, valendo-se da metáfora do pássaro andino que se alimenta de carniça. Entre 1973 e 1980, a Operação Condor buscou estabelecer a cooperação entre os regimes ditatoriais na América do Sul, para investigar, informar e combater os focos de "subversão".

Além do Brasil e da Argentina, o Paraguai e o Uruguai haviam se tornado, nos anos 1970, participantes importantes. A Bolívia, onde em 1971 ocorrera o golpe liderado pelo coronel Hugo Banzer, também viveu por uma década sob o jugo dos militares. Hugo Banzer, que se manteve no poder até 1978, também participou da aliança secreta no âmbito da Operação Condor. Entretanto, nesses anos, a ação repressiva do Estado foi lá mais moderada do que nos países vizinhos.

A instauração de um regime autoritário no Uruguai deu-se a partir da presidência de Juan María Bordaberry (1972-1976), do partido Colorado. Em 27 de junho de 1973, sob crescente pressão dos militares, o governo dissolveu o Parlamento e os partidos políticos e suspendeu as liberdades civis. Por desavenças com a alta cúpula do Exército, Bordaberry foi destituído do cargo em 1976. A despeito da fachada parcialmente civil, as Forças Armadas mantiveram o comando político da nação até 1985.

Como retratou o escritor Mario Benedetti no romance *La tregua*, o Uruguai afirmou-se na primeira metade do século XX como um país com elevados índices de educação, extensas classes médias e moderna infraestrutura urbana. A partir de meados dos anos 1950, mergulhou em uma crise econômica que desgastou o projeto modernizador "batllista", legado pelo presidente Batlle y Ordoñez (1903-1907; 1911-1915).

Na década de 1960, entraram em cena os tupamaros, integrantes do Movimento de Liberação Nacional (MLN-T). Identificados com o modelo revolucionário cubano, promoveram bem-sucedidas ações de guerrilha urbana. Em 1971, na esteira das respostas formuladas aos impasses nacionais, nasceu a Frente Amplio, aliança construída em torno de uma plataforma anti-imperialista e democrática para o Uruguai.

A violência do Estado militarizado recaiu indistintamente sobre os militantes de oposição. Ex-tupamaro, o atual presidente do país, José Mujica, passou longos anos encarcerado, assim como o líder da Frente, Liber Seregni.

No caso do Paraguai, a história longeva da ditadura remonta a 1954, quando o general Alfredo Stroessner, prestigiado ex-combatente da Guerra do Chaco (1932-1935), em que o Paraguai venceu a Bolívia, orquestrou um golpe de Estado contra o presidente Federico Chávez, líder do Partido Colorado, constitucionalmente eleito em 1950.

Ao longo de 35 anos, Stroessner elegeu-se para sete mandatos consecutivos, como candidato do Partido Colorado. Expurgou do partido seus integrantes moderados e incentivou a filiação de profissionais dependentes de oportunidades nos serviços públicos. Em 1989, foi deposto em rebelião militar conduzida pelo general Andrés Rodríguez. Terminou seus dias em 2006, exilado no Brasil, aos 93 anos.

Augusto Roa Bastos, escritor paraguaio que viveu décadas no exílio, publicou em 1974 o romance *Eu, o supremo*, dedicado a José Gaspar Rodríguez de Francia, "Ditador Perpétuo" do país nas décadas pós-independência. O romance também ilumina o estilo de Stroessner, que cooptou seus rivais com recompensas financeiras e estruturou uma rede de agentes secretos e de repressão. Os recursos vinham de uma economia movida pelo contrabando, pela faina agrícola da população guarani e por grandes projetos governamentais, como a hidrelétrica de Itaipu, em consórcio com o Brasil.

Disciplinado, Stroessner revisava diariamente as petições que lhe enviavam cidadãos comuns, na expectativa de um favor. Dava-se ao luxo de escolher meninas em cerimônias de formatura escolar, que instalava em casas privadas, para sua satisfação.

A despeito das idiossincrasias de cada ditador, idiossincrasias que grandes romancistas latino-americanos não puderam resistir a recriar em suas obras, todos eles contaram com um voraz e implacável Serviço de Inteligência para farejar qualquer movimentação que ameaçasse o seu poder. A Operação Condor expressou a ousadia dessas agências que, em 1976, chegaram ao ponto de assassinar um opositor de Pinochet residente em Washington – Orlando Letelier, ex-ministro de Relações Exteriores e ministro da Defesa no governo da Unidade Popular. Seu carro explodiu em 21 de setembro, pouco após o incansável opositor de Pinochet ter contribuído para que o Congresso norte-americano aprovasse sanções contra o Chile enquanto seu governo seguisse ignorando os direitos humanos.

Se a CIA um dia representou um papel importante nas confabulações contra o governo de Allende e no suporte ao golpe de Pinochet, os Estados Unidos agora desejavam frear um movimento que ganhara uma força inimaginável. A Dina (Dirección de Inteligencia Nacional) alcançara níveis de requinte em seus centros de tortura e de arrogância para assassinar as presas que lhe haviam escapado à caçada.

A pressão dos chilenos exilados para desacreditar a ditadura internacionalmente se fez ouvir em países como os Estados Unidos, a Espanha e a França. Mas os interesses norte-americanos não deixaram de atuar em prol de governos autoritários e violentos em regiões mais fragilizadas da América Latina.

Alguns países não tiveram uma ditadura longeva como a dos generais Pinochet no Chile e Stroessner no Paraguai, mas uma história de governos igualmente repressivos e instáveis que se sucederam no poder.

Em El Salvador, o assassinato de monsenhor Óscar Arnulfo Romero, enquanto rezava a missa dentro de sua igreja, em março de 1980, foi um marco na história dos confrontos entre as elites que controlavam o país por meio de governos violentos e setores mobilizados da sociedade civil.

Originário de uma família humilde, sagrado sacerdote com perfil conservador, Arnulfo Romero mudou de lado após o atentado que matou, em 1977, o padre Rutilio Grande, engajado na organização dos trabalhadores rurais. Como arcebispo de San Salvador, o monsenhor aproximou-se da Teologia da Libertação, endossando a opção da Igreja pelos pobres assumida nas Conferências Episcopais latino-americanas desde os anos 1950. Ao mesmo tempo, aproximou-se dos jesuítas ligados à Universidade Centro-americana da Companhia Jesus, os quais, como Rutilio Grande, vinham levando seu trabalho missionário, e de oposição ao governo repressivo, aos povoados do interior do país. O engajamento dos jesuítas no confronto ao *status quo* acirrou a belicosidade das elites salvadorenhas, que os tinham como tradicionais aliados na educação de seus filhos.

A aliança entre a Igreja, a esquerda e os movimentos populares constituiu um traço característico da luta política em El Salvador. No alvorecer da década de 1980, diferentes organizações uniram-se na formação da Frente Farabundo Martí de Libertação Nacional (FMLN), nome que homenageava um antigo líder comunista. Como palco de disputas mais amplas, rebeldes e Exército receberam apoio externo na guerra civil que se travou. De um lado, Cuba cuidou do fluxo das armas enviadas à FMLN de várias partes do mundo. De outro, os Estados Unidos de Ronald Reagan não pouparam recursos para sufocar o movimento.

Cultura e política na América Latina contemporânea

A Orquestra Sinfônica Simón Bolívar, sob a direção musical do regente Gustavo Dudamel, vem encantando plateias de incontáveis países nas turnês internacionais que realiza. O prestígio conquistado pelo maestro rendeu-lhe, entre outros, o posto de maestro principal da Orquestra Sinfônica de Gotemburgo, na Suécia, e de diretor musical da Orquestra Filarmônica de Los Angeles, nos Estados Unidos.

O maestro e os 180 jovens músicos que integram a Sinfônica Simón Bolívar são originários do "Sistema", responsável por uma rede de núcleos de educação musical pública existente na Venezuela. Criado em 1975 pelo economista e musicista José Antonio Abreu, o "Sistema", então chamado de Acción Social para la Música, desenvolveu políticas para difundir o acesso à educação musical gratuita em múltiplas regiões do país, alcançado assim centenas de milhares de estudantes. Juntamente com a formação artística, o "Sistema" visava promover a inclusão social e cultural de crianças e jovens provenientes de meios populacionais carentes.

Concerto da Orquestra Sinfônica Simón Bolívar na Sala São Paulo, em 7 de abril de 2013, com regência de Gustavo Dudamel. No Programa, a *Sinfonia n. 5* de Beethoven e *A sagração da primavera* de Stravinsky.

Gerido pela Fundación del Estado para el Sistema Nacional de las Orquestras Juveniles e Infantiles, o "Sistema" contou com subsídios financeiros de variados governos na Venezuela. Entretanto, durante a presidência de Hugo Chávez, eleito pela primeira vez em 1998, o apoio do Estado à iniciativa tornou-se quase absoluto, demarcando a identificação estabelecida com o compromisso com a inclusão social.

A grande questão do projeto de Chávez era poder transformar a chamada "democracia representativa" em uma "democracia participativa". Tratava-se de criar mecanismos para que a população se expressasse e interviesse de uma forma mais presente nas políticas governamentais, ultrapassando as tradicionais esferas do exercício eleitoral e das estratégias de pressão indireta sobre os representantes políticos.

O argumento em favor dessa mudança referia-se ao fosso que, em uma democracia representativa, acaba se criando entre representantes e representados, especialmente em sociedades com elevados níveis de desigualdade econômica.

A defesa da democracia participativa associou-se à ênfase nas políticas inclusivas no campo da saúde, da reforma agrária e da educação, entre outros. Chegara o momento de resgatar os setores populares venezuelanos de décadas de espoliação econômica perpetrada pelas elites nacionais, cúmplices dos interesses imperialistas no país.

Segundo essa perspectiva, na longa duração, essas elites teriam sido responsáveis pelo desvirtuamento da obra de Símon Bolívar, idealizador de uma América Latina livre, justa e unida. O jogo simbólico que reconstruía, segundo desígnios políticos alheios aos de *El Libertador*, uma matriz bolivariana definidora do destino nacional, e continental, conferiu vigor à retórica "revolucionária" de Chávez.

Por meio de sucessivas reeleições, Hugo Chávez permaneceu na presidência da Venezuela até 2013, quando morreu de câncer. No pleito eleitoral que se seguiu, muito polarizado, venceu o candidato Nicolás Maduro, braço direito político de Chávez e representante da continuidade da plataforma "bolivariana".

Nas turnês da Orquestra Sinfônica Simón Bolívar pelo mundo, o entusiasmo dos jovens músicos com tez morena, expressando uma origem social popular associada à descendência negra ou indígena, na primorosa execução das sinfonias de Beethoven ou de *A sagração da primavera* de Stravinski, confere força simbólica aos ideais "bolivarianos" da Venezuela chavista. Cioso da carga simbólica contida em cada gesto, Gustavo Dudamel agradece aos calorosos aplausos em meio aos seus músicos, ao seu lado, e não de costas para eles.

Na América Latina do século XX, em incontáveis momentos, a criação artística articulou-se com utopias ou perspectivas de transformação social. Em diferentes contextos, artistas usaram sua produção para corroborar determinados projetos políticos ou consentiram que suas criações fossem apropriadas e sustentadas por movimentos políticos, dentro ou fora do Estado.

Em muitos casos, todavia, esse engajamento teve lugar com o sentido de fazer oposição ao governo ou, de maneira mais ampla, ao *status quo*. Os anos 1960 e 1970 foram particularmente efervescentes nesse sentido. No ambiente da Guerra Fria e da emergência dos regimes autoritários em diferentes países da América Latina, músicos e escritores, entre outros artistas, produziram obras de extraordinária repercussão e qualidade por meio das quais expressavam posições críticas concernentes aos problemas políticos e sociais de seus países. Em muitas dessas manifestações, ganhou corpo uma perspectiva transnacional, latino-americanista, ao sublinhar as mazelas comuns aos diferentes países e a importância de afirmações identitárias unificadoras.

No início da década de 1960, nasceu na Argentina e no Uruguai o movimento da Nueva Canción. As bases do movimento foram anunciadas pelo escritor, poeta e radialista Armando Tejada Gómez no Círculo de Periodistas de Mendoza, em fevereiro de 1963. Tejada Gómez fez a leitura pública do chamado *Manifiesto del Nuevo Cancionero*, documento que assinava com um conjunto de artistas e intelectuais. O *Nuevo Cancionero* pautava-se no desejo de produzir música em diálogo com as raízes culturais folclóricas e populares. Ritmos considerados tradicionais seriam renovados a partir de referenciais musicais modernos e dotados de letras que falavam da vida dos homens humildes e trabalhadores. As canções expressariam o "nacional" e o "popular", congregando gêneros e formas de diferentes regiões do país. Nesse sentido, romperiam com a dicotomia campo-cidade – no caso da Argentina, o tango como um gênero urbano e o folclore como uma característica do meio rural – para compor um cancioneiro que sintetizasse a nação.

Desde o princípio, todavia, o horizonte da nação conviveu com outro mais amplo, o da América Latina, irmanada na luta por emancipação após uma longa história de jugo colonial e imperialista. A ideia já aparece em "Canción para mi América", título de uma das composições do uruguaio Daniel Viglietti, reunidas no LP *Canciones folklóricas y seis impresiones para canto y guitarra*, de 1963. Também a musicista argentina Mercedes Sosa, no caminho coalhado de êxitos que trilhou pela nova canção, projetou-se como uma voz "da América". A partir de seu segundo álbum, *Yo no canto por cantar*, de 1966, o tema da unidade latino-americana alcançou o coração de seu repertório.

Seu primeiro LP havia se caracterizado pelas temáticas populares com forte ênfase política, como na canção "Canción del derrumbe indio", que consagrou Mercedes Sosa no Festival de Cosquín, em 1965, onde se apresentou sozinha acompanhada de seu bombo. A gravação do primeiro disco foi resultado do convite que lhe foi feito pela gravadora Philips logo após sua revelação no festival. Nos muitos outros lps que se seguiram, a dimensão americana entrelaçou-se com os temas regionais e nacionais.

A *Nueva Canción* encontrou eco em iniciativas da mesma natureza em países vizinhos. No Uruguai, o disco lançado por Braulio López e Pepe Guerra, em 1962, com o nome de *Los Olimareños*, abriu caminho para o movimento. Nesses primeiros anos, prevaleceram os temas folclóricos associados ao campo e à vida provinciana, caso de *Los Olimareños*. Mas aos poucos ganharam destaque temas relacionados à opressão social.

Em 1967, ocorreu em Cuba o I Encuentro de la Canción Protesta, com o objetivo de reunir artistas da América Latina e do resto do mundo em torno da discussão sobre a música engajada. O impacto do encontro traduziu-se na obra de diferentes compositores, que passaram a enfocar os temas da revolução, do anti-imperialismo e da união latino-americana. Tratava-se de fazer da música um instrumento de conscientização política e de intervenção social, almejando a formação do "homem novo" idealizado por Che Guevara.

No período que se seguiu ao I Encuentro, integraram-se ao recém-criado Centro de la Canción de Protesta jovens músicos cubanos como Pablo Milanés, Silvio Rodríguez e Noel Nicola. Embora o Centro tenha desaparecido pouco tempo depois, contribuiu para dar visibilidade aos jovens trovadores incorporados ao movimento da *nueva trova cubana*, a partir de 1968. O movimento foi em parte arquitetado por Alfredo Guevara, prestigiado diretor do Instituto Cubano de Arte e Indústria Cinematográficos (Icaic). As políticas culturais do governo revolucionário vislumbravam a possibilidade de cooperação entre a música e o cinema, estimulando, a partir de 1969, experimentações voltadas à produção de trilhas sonoras.

Cuba foi também responsável por aproximar o Brasil dos acontecimentos na cena musical hispano-americana. Chico Buarque e Milton Nascimento, entre outros compositores e intérpretes, participaram de shows e gravações de repertórios da Nueva Canción, muitas vezes ao lado de músicos de outros países. A viagem de Alfredo Guevara ao Brasil, em 1968, foi determinante para despertar o interesse do Estado cubano pela música popular brasileira e pela promoção de intercâmbios. A onda das canções engajadas cresceu com a chegada da Unidade Popular ao poder no Chile, em 1970. Músicos de diferentes partes envolveram-se com o governo Allende, com criações que, ao mesmo tempo, apoiavam e se inspiravam nos acontecimentos inebriantes em curso.

A história da Nueva Canción no Chile remonta à trajetória de Violeta Parra. Desde os anos 1930 havia naquele país um forte movimento em favor da valorização da chamada "música típica". Nos anos 1950, Violeta Parra viajou por diferentes regiões do país com o propósito de compilar material folclórico. Suas pesquisas ampliaram o escopo das sonoridades conhecidas por outros folcloristas, mais centrados na região do altiplano central, e incorporaram instrumentos andinos como o charango e a zampoña. Ao enveredar por um caminho de composições autorais, Violeta Parra fez desses instrumentos uma marca da *nueva canción chilena*. Em meados dos anos 1960, depois de uma temporada em Paris com seus filhos Isabel e Ángel, o trio estabeleceu em um ateliê em Santiago do Chile a *Peña de los Parra*. Frequentaram as suas noites boêmias artistas e intelectuais que deram vida ao movimento de renovação musical. E ali nasceram muitos dos discos que compuseram essa história, em aberta confluência com os caminhos percorridos nos países vizinhos. Como expressão disso, Ángel Parra gravou, em 1969, um disco com as composições do argentino Atahualpa Yupanqui, considerado um dos precursores da Nueva Canción.

Nesses anos, em meio à crescente politização da cena musical chilena, jovens músicos se incorporaram ao movimento da nova canção. Dentre eles, Víctor Jara e os conjuntos Quilapayún e Inti-Illimani. Diretor de teatro, folclorista e músico, Víctor Jara lançou em 1969 seu primeiro LP pelo selo Jota Jota, ligado à Juventude do Partido Comunista Chileno, abandonando a gravadora de seus primeiros discos, a Odeon. *Pongo en tus manos abiertas...* expressava o compromisso do compositor com a "causa popular", sua adesão ao Partido Comunista e seu reconhecimento da nova canção latino-americana. Duas das canções do álbum eram da autoria de Daniel Viglietti, integrantes do LP que o uruguaio lançara em 1968, *Canciones para el hombre nuevo*.

Víctor Jara também atuou como diretor do trio musical formado em 1965, Quilapayún, que em língua mapuche significa três barbas. O conjunto destacou-se por realizar com maestria a renovação das sonoridades folclóricas que o inspiravam. Jara está entre as primeiras vítimas do golpe de Pinochet, tendo sido assassinado no Estádio Nacional.

Finalmente, nessa mesma época, destacaram-se os jovens estudantes reunidos no grupo Inti-Illimani, que no idioma aymara significa *"sol de illimani"*. A viagem feita à Bolívia por integrantes do conjunto em 1969 está na origem do LP *Si somos americanos*, lançado nesse país. No mesmo ano, gravaram pelo selo Jota Jota, no Chile, outro álbum com profundas conexões americanistas.

Com a vitória eleitoral da Unidade Popular, o Chile tornou-se, ao lado de Cuba, um centro efervescente de uma produção cultural comprometida com os horizontes da Revolução. Quando Fidel Castro visitou o Chile entre 10 de novembro e 4 de dezembro de 1971, veio acompanhado de músicos cubanos que se apresentaram em diferentes regiões do país. Em março do mesmo ano, o conjunto Quilapayún viajara a Cuba como enviado do governo Salvador Allende, chamando a atenção de Fidel Castro para as férteis possibilidades de intercâmbio. Enquanto Allende se manteve no poder, a circulação da nova canção entre as nações que abraçavam a utopia do novo homem encontrou os caminhos franqueados.

O ano de 1973 representou um duro golpe para o movimento e seus porta-vozes, com a desarticulação provocada pelo aparato repressivo da ditadura do general Augusto Pinochet. O mesmo se deu em outros países da América do Sul, com marcos temporais distintos. No caso do Uruguai, a censura à nova canção já vinha se manifestando anteriormente. Em 1969, as composições de Daniel Viglietti, que ganharam letras cada vez mais engajadas desde o LP lançado em 1963, deixaram de ser veiculadas nos programas de rádio e televisão.

Na Argentina, entre 1973 e 1976, viveu-se um intervalo entre dois regimes ditatoriais. Embora saibamos que ações repressivas tenham tido lugar mesmo nesses anos, durante o governo da viúva de Juan Domingo Perón, Isabelita Perón, entre 1974 e 1976, houve espaço para que a Nueva Canción continuasse florescendo. Em 1976, as cortinas também aí se fecharam.

No Brasil, comparativamente, a MPB crítica ao regime ditatorial instaurado em 1964 encontrou algumas brechas para burlar a censura e a repressão, por meio de letras com duplo sentido e da produção no exílio. A canção "Passaredo", de Francis Hime e Chico Buarque, de meados da década de 1970, é um dos belos exemplos desse recurso.

A década de 1960 também representou um período de grande renovação no âmbito da literatura latino-americana. Foram os chamados anos do *boom*, quando uma safra de escritores ganhou projeção internacional, especialmente em virtude de obras que exploravam o gênero do realismo mágico.

Diferentemente da Nueva Canción, o realismo mágico não constituiu um movimento com sentidos bem definidos por um manifesto ou pela ação articulada de um grupo. Mas se desenvolveu a partir de obras que inspiraram umas às outras, compartilhando representações da realidade latino-americana que extrapolavam o domínio da racionalidade. Narrativas marcadas por acontecimentos fantásticos, situadas em um tempo não linear e, com frequência, em lugares inóspitos, compuseram a imagem de uma América Latina que demandava chaves próprias para ser decifrada. Ao mesmo tempo, desenvolveram-se círculos de amizades e trocas intelectuais envolvendo vários desses autores, especialmente durante os períodos de exílio ou autoexílio que muitos deles viveram na Europa.

Um dos expoentes desse processo foi o escritor colombiano Gabriel García Márquez. Seu livro *Cem anos de solidão*, cuja primeira edição, pela editora argentina Sudamericana, data de 1967, faz do vilarejo imaginário de Macondo uma metáfora das mudanças por que passou a Colômbia – e de certa forma a América Latina – na época da formação do Estado nacional e da gradual modernização do país. O leitor perde-se na confusa árvore genealógica dos nomes que se repetem – José Arcádio, Aureliano, Úrsula – vivenciando um tempo de transformações lentas, por vezes cíclicas, em que se articulavam as novidades modernas e as permanências de um universo remoto.

Cem anos de solidão foi celebrado e difundido por muitos escritores latino-americanos que frequentavam os principais circuitos culturais da época. Traduzido para dezenas de idiomas, alcançou a cifra de cerca de 30 milhões de cópias vendidas, contribuindo para que García Márquez recebesse o Prêmio Nobel da Literatura em 1982.

Se o realismo mágico não foi resultado de uma plataforma organizada de um grupo, é fato que muitos dos escritores que o cultivaram estiveram articulados em redes políticas onde se fomentavam projetos de transformação das estruturas socioeconômicas desiguais e dependentes que caracterizavam a América Latina. Tal como na música, Cuba funcionou como um importante polo de agregação daqueles que simpatizavam com a dimensão anti-imperialista da Revolução de 1959, e para aqueles que apoiaram a guinada socialista ocorrida na ilha a partir de 1961.

Nesse contexto, o tema do engajamento político dos intelectuais e escritores, inspirado, entre outros, na figura e na obra de Jean-Paul Sartre, atravessou o campo literário latino-americano dos anos 1960. E como na música, o processo de politização veio acompanhado de um processo de uma perspectiva latino-americanista, tanto no âmbito da transversalidade das temáticas abordadas, como no das sociabilidades, das trocas culturais, dos debates e das iniciativas institucionais envolvendo autores de diferentes países.

Em 1956, quando vivia em Paris, Gabriel García Márquez tornouse amigo do poeta cubano Nicolas Guillén. Por meio dele, acompanhou os sucessos do Movimento 26 de Julho em Sierra Maestra e torceu pela derrota definitiva da ditadura de Fulgêncio Batista. Como jornalista que era, publicou diferentes artigos sobre o tema e, em 1959, foi enviado a Cuba pela revista venezuelana *Gráfica* para cobrir a "Operação Verdade", que julgaria os crimes cometidos pela ditadura de Batista.

Pouco depois, García Márquez foi convidado a trabalhar na Prensa Latina, agência de notícias do governo revolucionário, com a tarefa de publicar na Colômbia matérias sobre Cuba e de escrever sobre seu país para os leitores cubanos. O escritório da Prensa Latina em Bogotá, que García Márquez dividia com seu amigo Apuleyo Mendoza, tornou-se o quartel-general da esquerda colombiana. Lá também se discutiam problemas latino-americanos, chegando-se mesmo a recrutar voluntários para combater a ditadura de Trujillo Molina na República Dominicana.

García Márquez chegou a ser transferido para a sede da agência em Havana e, em seguida, para o escritório de Nova York. Em 1961, entretanto, desligou-se da Prensa Latina por não concordar com o alinhamento do regime cubano com a União Soviética. Manteve, entretanto, sua amizade com Fidel Castro e com outros dirigentes do governo revolucionário, o que motivou incontáveis visitas à ilha nos anos que se seguiram.

A Revolução Cubana, sobretudo em seus primeiros tempos, irradiou ideais e conquistou simpatias mesmo em meios intelectuais latino-americanos pouco afeitos à politização. Foi o caso do argentino Julio Cortázar (1914-1984), um dos expoentes de uma geração de escritores cosmopolitas como Jorge Luis Borges, Ernesto Sábato e Victoria Ocampo, fundadora, em 1931, da lendária revista *Sur*, que congregou muitos desses nomes. Em 1951, desencantado com o governo de Juan Domingo Perón e com o ambiente de patrulhamento intelectual que o regime nutria, Cortázar deixou a Argentina para estabelecer-se em Paris. Nesse mesmo ano, foi publicado seu livro *Bestiario*, uma antologia de contos dentre os quais se encontrava "Casa tomada", lançado originalmente em 1946 e considerado um dos símbolos da aversão do autor às causas populares que o peronismo encarnava.

Em Paris, todavia, por meio de um artigo publicado pelo jornal *Times* em 1957, Cortázar tomou contato com a movimentação revolucionária que se gestava em Cuba. O encantamento inicial transformou-se, após o triunfo da Revolução, em uma tomada de posição pública e no abandono do "grande vazio político", nas palavras do escritor, em que vivera imerso até então.

Em 1963, Cortázar viajou a Cuba para ser jurado do concurso da revista *Casa de las Américas*. Passou a integrar, de forma muito ativa, o Conselho de Redação da revista. Expressou em diversas oportunidades sua admiração pela coragem do povo cubano e pelos intelectuais da ilha que se engajavam nas campanhas de alfabetização e em outras tarefas do processo revolucionário. Por outro lado, conclamou os escritores a reproduzirem na arte a audácia renovadora que Che Guevara manifestava no combate.

Seguiram-se a morte de Che na Bolívia em 1967 e o maio de 1968 na França. Cortázar manteve sua defesa do ideal de "homem novo" que permeava essas trincheiras, e seu desapreço pelo avanço do socialismo soviético em Cuba. No mesmo ano de 1968, concedeu uma entrevista à revista norte-americana *Life*, tomando todas as precauções para que suas afirmações não fossem desvirtuadas. Os editores da revista não esconderam sua indignação com as exigências feitas, mas consideraram que já não podiam passar ao largo da efervescência política, intelectual e cultural latino-americana em torno de Cuba. A publicação da entrevista de Cortázar coincidia com os anos do *boom* literário, da presença crescente de intelectuais de esquerda no exílio, sobretudo na França, da aproximação entre eles que ensejou criações que abraçavam a América Latina em seu conjunto. Ao mesmo tempo, pesou em favor do movimento o extraordinário êxito comercial de muitas dessas obras.

Outro escritor a projetar-se nesse cenário foi o peruano Mario Vargas Llosa, também ele agraciado, em 2010, com o Prêmio Nobel da Literatura.

Vargas Llosa deixou Lima em 1958 para fazer um doutorado em Madri. Em 1960, já em posse do título, estabeleceu-se em Paris. Para ganhar a vida, deu aulas de espanhol e trabalhou para o sistema de rádio e televisão da França. Promoveu entrevistas com diferentes escritores latino-americanos, como Julio Cortázar, Carlos Fuentes, Miguel Ángel Asturias e Alejo Carpentier. Viver em Paris nesses anos lhe proporcionou, com o olhar distanciado e abarcador, a "descoberta" da América Latina.

Por outro lado, como muito se discutiu na época e como continuam discutindo os críticos literários, a distância marcou as percepções que produziram sobre a América Latina as narrativas literárias do *boom*. Incontáveis vezes essas narrativas foram consideradas excessivamente cosmopolitas e desenraizadas, descoladas, portanto, dos verdadeiros problemas locais.

As articulações entre os escritores relacionados ao *boom* estiveram sempre permeadas de tensões como essas. No caso de Vargas Llosa, a questão do engajamento político constituiu uma importante clivagem. Em 1968, quando se tornaram nítidas as inflexões nas políticas culturais cubanas, enrijecendo-se o controle do Estado sobre os canais de expressão de ideias, Vargas Llosa publicou um artigo intitulado "El socialismo y los tanques". O artigo condenava o apoio de Fidel Castro à invasão da Tchecoslováquia pela União Soviética, ocorrido naquele ano, para sufocar a "Primavera de Praga", e os rumos do socialismo em Cuba.

Como Cortázar, Vargas Llosa ocupava um posto junto à *Casa de las Américas* e tinha contatos estreitos com dirigentes e intelectuais cubanos. Contudo, passou a manifestar sua desilusão para com o regime a partir do chamado "caso Padilla", referente às represálias adotadas contra o poeta cubano Heberto Padilla pelo artigo crítico que publicou, em 1967, no jornal revolucionário *El Caimán Barbudo*. Nesse artigo, Padilla denunciava a existência de campos de internação e trabalhos forçados em Cuba, denunciava as ações do "burocrata cultural" Lisandro Otero, vice-presidente do Conselho Nacional de Cultura, e elogiava o escritor cubano exilado Guillermo Cabrera Infante, colaborador, como vimos, de *Lunes de la Revolución*. Nos embates que se seguiram, Padilla foi acusado de ser "contrarrevolucionário" e colaborador da CIA, chegando a ser preso e interrogado sob violentas torturas em 1971. Quando deixou a prisão, foi obrigado a assumir publicamente seus "desvios" e a conclamar os intelectuais a se manterem leais à Revolução.

O episódio provocou uma onda de reações entre os escritores latino-americanos e europeus simpáticos a Cuba, mas reticentes com a crescente falta de liberdade na ilha. O jornal *Le Monde* publicou a chamada "Declaración de los 54" endereçada ao comandante Fidel, sendo Vargas Llosa um de seus signatários. Pouco tempo depois, Fidel Castro condenou o documento ao discursar no Primer Congreso Nacional de Educación y Cultura de Cuba e fez publicar pela Prensa Latina a confissão assinada por Padilla. Desconfiados da farsa, escritores voltaram a produzir um documento de repúdio, desta vez a "Declaración de los 62".

Definida a trincheira, a *Casa de las Américas*, dentre outras instituições, e intelectuais como o uruguaio Mario Benedetti e o cubano Alejo Carpentier assinaram manifestos em defesa do regime revolucionário.

De sua parte, Mario Vargas Llosa solicitou seu desligamento do comitê da *Casa de las Américas*, tornando-se alvo de duras críticas por parte dos defensores do regime. Foi acusado pela revolucionária cubana Haydée Santamaría, diretora da *Casa*, de não ter jamais sido fiel à causa cubana, como, por exemplo, quando se negou a doar ao regime os 25 mil dólares que recebeu pelo prêmio literário Rómulo Gallegos, que lhe foi outorgado em 1967. O escritor quis evitar que a polêmica com uma figura que considerava heroica se estendesse, assim como quis evitar que sua posição fosse manipulada pela imprensa conservadora, anticubana. Não pôde evitar que seus romances se tornassem objeto de resistências ideológicas fomentadas pelos grupos de esquerda e que a ele se impusesse o rótulo de "liberal burguês".

O *boom* literário foi de tal forma identificado com as utopias revolucionárias de muitos dos seus escritores, que as correntes literárias e políticas marginais ao leito central sofreram grande pressão. Se Mario Vargas Llosa atravessou águas turbulentas após distanciar-se de Cuba, também as novas gerações de escritores enfrentaram o desafio de encontrar um lugar ao sol para novas temáticas e para novos estilos narrativos. Afinal, a América Latina de fins do século XX talvez já transbordasse as imagens fantásticas que conseguiram capturá-la nos lendários anos 1960 e 1970.

Considerações finais

Com a transição para a democracia em diferentes países da América Latina que viveram experiências ditatoriais nos anos correspondentes à Guerra Fria, novos problemas e novas tônicas políticas têm ganhado proeminência. Como pano de fundo comum, projeta-se a questão das possibilidades e dos limites que o regime democrático estabelece para temas como: ampliar a cidadania e a qualidade de vida da população, alcançar as metas de desenvolvimento econômico, responder aos desequilíbrios ambientais, coibir a corrupção e a violência, promover ações com vista à justiça, à verdade e à reparação em relação a crimes contra a humanidade cometidos pelos regimes autoritários.

Em meio aos extraordinários desafios, alguns movimentos são particularmente marcantes nos novos tempos.

Nesta era de globalização, as economias nacionais buscaram fortalecer-se por meio da formação de blocos de mercado comum. Nas Américas, exemplo disso foram o Nafta (North American Free Trade Agreement), tratado de livre-comércio assinado entre México, Estados Unidos e Canadá, em 1994, e o Mercosul, estabelecido pelo Tratado de Assunção em 1991, baseado em tratados anteriores envolvendo Argentina, Brasil, Paraguai e Uruguai, com vista à integração econômica por meio de regulamentações alfandegárias. De lá para cá, todavia, em nome também da solidariedade latino-americana, professada pelos governos do PT no Brasil, o Mercosul tem negociado a entrada de outros países da América do Sul.

Se a formação dos blocos econômicos procurou favorecer a circulação do capital e afirmação regional perante atores poderosos, as assimetrias existentes nas relações internas de cada um dos blocos e externas a eles são notáveis.

Um protesto contundente contra as exclusões que os novos tratados perpetuavam partiu das populações indígenas do estado de Chiapas, no sul do México. O movimento lança luz sobre a noção de "democracia participativa", que vem sendo colocada por correntes de esquerda na América Latina contemporânea. A "democracia participativa" também está na base, entre outros, do governo de Evo Morales na Bolívia, iniciado em 2005, e do governo Hugo Chávez, na Venezuela, enfocado no curso do livro.

No mesmo ano em que o Nafta entrou em vigor, o Exército Zapatista de Libertação Nacional (EZLN), liderado pelo "subcomandante" Marcos, deu a conhecer ao mundo sua objeção ao tratado. Tendo Emiliano Zapata, líder de uma das principais vertentes camponesas da Revolução Mexicana, como matriz simbólica do movimento, os zapatistas reclamaram uma nova atitude do Estado mexicano perante grupos sociais indígenas condenados a séculos de pobreza, exploração e abandono.

A promoção da justiça social, em sua perspectiva, repousava antes de tudo sobre uma condição política, qual seja, a de que o México abandonasse o regime de partido único criado pela Revolução e abrisse caminho à construção de um governo livre e democrático. Em 2000, todavia, a inédita derrota do PRI (Partido Revolucionário Institucional) nas eleições presidenciais para o candidato de direita, Vicente Fox, não significou a inclusão democrática do EZLN nos diálogos políticos nacionais. Ao contrário, a despeito dos acordos de paz assinados entre as partes, o movimento continuou sendo alvejado por forças do Exército federal e de fazendeiros da região.

Com sólido apoio internacional e ampla penetração na sociedade civil do estado de Chiapas, os zapatistas procuraram colocar em prática, paralelamente às instituições administrativas oficiais, experiências de governo com ampla participação popular. Estas retomavam princípios de autonomia municipal que acompanharam a história das comunidades indígenas mexicanas desde a época colonial, os quais os zapatistas da Revolução do início do século XX haviam se empenhado em defender.

Em um primeiro momento, o EZLN criou os chamados "Aguascalientes", centros políticos de reunião ao ar livre que buscavam integrar os rebeldes e a população local. Em meados de 2003, diante da inflexibilidade do governo para com o movimento, o subcomandante Marcos anunciou a instalação de Caracoles, ou "juntas de bom governo", em diferentes localidades do estado, com o objetivo de promover a autonomia indígena em "território rebelde". Tratava-se de criar municípios autônomos, com autoridades locais nomeadas pela população, e delegados que representavam as comunidades no plano municipal.

Com a formação de uma rede de municípios autônomos, o Exército zapatista esperava poder corresponder, à luz dos ideais de democracia, justiça e liberdade, a demandas concretas de populações indígenas desatendidas pelas políticas neoliberais. Por outro lado, acenava com uma forma de reestruturação do poder, com base na autonomia e no autogoverno, pela via pacífica e dentro dos marcos da Constituição. A democracia participativa no domínio dos *pueblos* indígenas conviveria com a democracia eleitoral no domínio nacional.

À frente da presidência do Equador desde 2007, Rafael Correa também tem trabalhado com o horizonte político da "democracia participativa". Paralelamente às estratégias traçadas para reduzir as iniquidades sociais e o fosso existente entre as instituições republicanas e o "povo", Correa quis cunhar uma solução inovadora em face de uma questão ambiental localizada na Amazônia equatoriana. Para evitar o desmatamento do Parque Nacional

Yasuní, com extensão de 982 mil hectares de inestimável biodiversidade, o Equador propôs à comunidade internacional que o país recebesse, em doações, a metade do valor que obteria se explorasse as reservas de petróleo que lá se encontram. A quantia firmada era de 3,6 bilhões de dólares. Desde 2007, campanhas publicitárias circularam pelo mundo, sensibilizando organizações ambientais especialmente da Europa. Entretanto, os anúncios de aporte financeiro ficaram muito aquém do esperado e, em agosto de 2013, Rafael Correa declarou que o petróleo de Yasuní será extraído.

A expectativa do governo era a de não correr o risco de repetir uma história ocorrida em outro ponto da Amazônia equatoriana, cujo petróleo foi, entre os anos 1960 e 1990, explorado pela empresa Texaco. Os bilhões de galões de resíduos derramados na floresta tiveram um impacto devastador e deixaram grandes poças de óleo como rastro. Os resíduos contaminaram os rios, ceifando vidas na região.

O desfecho do projeto para manter intocado o Parque Nacional Yasuní expressa a difícil conciliação entre a necessidade de fomentar a economia e a de proteger as riquezas naturais e humanas que cada país conserva.

Para encerrar essas considerações gerais, sublinhamos que talvez uma das tônicas que acompanham os processos de afirmação dos regimes democráticos na América Latina é a do fortalecimento da sociedade civil. Populações indígenas do entorno de Yasuní recorrem a fóruns internacionais para procurar reverter a decisão governamental, assim como os combatentes zapatistas de Chiapas se valem da internet para difundir suas bandeiras.

Da mesma forma, em relação à participação das mulheres no espaço público cultural e político, os novos tempos são fecundos em possibilidades. No novo contexto democrático, mulheres conquistaram a presidência da República em países como o Chile, a Argentina e o Brasil. Também, de modo mais amplo, participam do mercado de trabalho e reivindicam condições igualitárias no plano dos comportamentos, da estrutura familiar e das relações sociais.

Como a isonomia de direitos nem sempre é suficiente para equilibrar assimetrias enraizadas na História, diferentes países hoje discutem a implementação de políticas afirmativas, por exemplo, voltadas a afrodescendentes. A existência de cotas para favorecer seu acesso às universidades constitui uma das ferramentas para a criação de uma base social concretamente mais democrática.

Enquanto a violência segue corroendo, sobretudo, a periferia de grandes cidades, grupos se organizam para responsabilizar agentes da repressão nas ditaduras militares e para combater as arbitrariedades, os abusos e os silêncios que não desapareceram por um toque de mágica.

As possibilidades de denúncia, de apelo à justiça, de acesso à informação, de expressão, de participação plena, crítica e seletiva em ambientes da vida moderna, são instrumentos que pouco a pouco lapidam novas dinâmicas e estruturas. A História, como outras instâncias de produção cultural que se alimentam de questões políticas e contribuem para dar forma e conferir sentidos a elas, participa desse movimento.

Sugestões de leitura

AGGIO, Alberto. *Democracia e socialismo*: a experiência chilena. São Paulo: Editora Unesp, 1993.
BAGGIO, Kátia Gerab. *A questão nacional em Porto Rio*: o Partido Nacionalista (1922-1954). São Paulo: Annablume/Fapesp, 1998.
BARBOSA, Carlos Alberto Sampaio. *A fotografia a serviço de Clio*: uma interpretação visual da Revolução Mexicana (1900-1940). São Paulo: Editora Unesp, 2006.
BEIRED, José Luis Bendicho. *Sob o signo da nova ordem*: intelectuais autoritários no Brasil e na Argentina (1914-1945). São Paulo: Loyola, 1999.
BERBEL, Márcia; MARQUESE, Rafael; PARRON, Tâmis. *Escravidão e política*: Brasil e Cuba, 1790-1850. São Paulo: Hucitec/Fapesp, 2010.
CAPELATO, Maria Helena R. *Multidões em cena*: propaganda política no varguismo e no peronismo. 2. ed. São Paulo: Editora Unesp, 2008.
CASTAÑEDA, Jorge. *Che Guevara*: a vida em vermelho. São Paulo: Companhia das Letras, 1997.
COSTA, Adriane Vidal. *Intelectuais, política e literatura na América Latina*: o debate sobre revolução e socialismo em Cortázar, García Márquez e Vargas Llosa (1958-2005). Belo Horizonte, 2009. Tese (Doutorado em História) – UFMG.
DORATIOTO, Francisco F. Monteoliva. *Maldita Guerra*: nova história da Guerra do Paraguai. São Paulo: Companhia das Letras, 2002.
FERRERAS, Norberto. *O cotidiano dos trabalhadores de Buenos Aires (1880-1920)*. Niterói: Eduff, 2006.
FONTES, Camilla. *La acción cambiante*: da luta armada aos direitos humanos nos cartazes argentinos (1973-1984). São Paulo, 2013. Dissertação (Mestrado de História Social) – Universidade de São Paulo.
FRANCO, Stella Maris Scatena. *Peregrinas de outrora*: viajantes latino-americanas no século XIX. Florianópolis: Editora Mulheres, 2008.

FREDRIGO, Fabiana. *Guerras e escritas*: a correspondência de Simón Bolívar (1799-1830). São Paulo: Editora Unesp, 2010.

GIL, Antonio Carlos Amador. *Tecendo os fios da nação*: soberania e identidade nacional no processo de construção do Estado. Vitória: Instituto Histórico e Geográfico do Espírito Santo, 2001.

GOMES, Caio de Souza. *Quando um muro separa, uma ponte une*: conexões transnacionais na canção engajada na América Latina, anos 1960/70. São Paulo, 2013. Dissertação (Mestrado em História Social) – USP.

GUTIÉRREZ, Horacio; NAXARA, Márcia R. C.; LOPES, Maria Aparecida de S. (orgs.). *Fronteiras*: paisagens, personagens, identidades. São Paulo: Olho d'Água, 2003.

HERNÁNDEZ CHÁVEZ, Alicia. *Anenecuilco*: memoria y vida de un pueblo. México: Colegio de México, 1991.

JAMES, C. L. R. *Os jacobinos negros. Toussaint L'Ouverture e a revolução de São Domingos*. São Paulo: Boitempo, 2000.

JUNQUEIRA, Mary Anne. *Ao sul do Rio Grande. Imaginando a América Latina em seleções*: oeste, wilderness e fronteira (1942-1970). Bragança Paulista: Edusf, 2001.

KRAUSE, Enrique. *La presencia del pasado*. México: BBVA Bancomer, Fondo de Cultura Económico, 2005.

MEYER, Lorenzo; AGUILAR CAMÍN, Héctor. *À sombra da Revolução Mexicana*: história mexicana contemporânea, 1910-1989. São Paulo: Edusp, 2000.

MISKULIN, Silvia Cezar. *Cultura ilhada*: imprensa e Revolução Cubana (1959-1961). São Paulo: Xamã, 2003.

PAMPLONA, Marco A.; MADER, Maria Elisa (orgs.). *Revoluções de independência e nacionalismos nas Américas*. Rio de Janeiro: Paz e Terra, 4 v, 2008.

PASSETTI, Gabriel. *Indígenas e criollos*: política, guerra e traição nas lutas no sul da Argentina (1852-1885). São Paulo: Alameda, 2012.

PINTO, Julio Pimentel. *Uma memória do mundo*: ficção, memória e história em Jorge Luis Borges. São Paulo: Estação Liberdade, 1998.

PRADO, Maria Ligia Coelho. *América Latina no século XIX*: tramas, telas e textos. 2. ed. São Paulo: Edusp, 2004.

SCHEIDT, Eduardo. *Carbonários no Rio da Prata*: jornalistas italianos e circulação de ideias na região platina (1827-1860). Rio de Janeiro: Apicuri, 2008.

SOARES, Gabriela Pellegrino. *Semear horizontes*: uma história da formação de leitores na Argentina e no Brasil (1915-1954). São Paulo: Editora da UFMG, 2007.

VASCONCELLOS, Camilo de Mello. *Imagens da Revolução Mexicana*: o Museu Nacional de História do México. São Paulo: Alameda, 2007.

VILLAÇA, Mariana Martins. *Polifonia tropical*: experimentalismo e engajamento na música popular (Brasil e Cuba, 1967-1972). São Paulo: Humanitas/FFLCH/USP, 2004.

WASSERMAN, Cláudia; GUAZZELLI, César A. B. *Ditaduras militares na América Latina*. Porto Alegre: Editora da UFRGS, 2004.

GRÁFICA PAYM
Tel. [11] 4392-3344
paym@graficapaym.com.br